革新的課題解決法

長田　洋
［編著］

澤口　学
福嶋洋次郎
三原祐治
［著］

日科技連

まえがき

　かつて日本経済を牽引してきた日本のものづくり産業は今，大きな危機に直面している．その原因の第一は急激な円高である．日本企業は1ドル70円台というかつてない円高により，一層のコスト高，輸出競争力の低下に苦しんでいる．その第二はグローバル化の進展である．円高により特にものづくり企業は海外進出を余儀なくされ，また成熟した日本市場から成長著しい中国やインドなどの海外市場へシフトし，そこでの生産・販売，さらには現地ニーズに適合した商品開発などが加速している．これにより，日本国内での新規設備投資は冷え込み，生産基地は縮小し，いわゆる空洞化が進んでいる．

　このような危機を乗り越え，また大きな環境変化に対応し，持続的に企業が成長するためには，変化に素早く対応し，あるいは変化を先取りし，自らの経営を革新する必要がある．つまり経営革新が求められる．その経営革新を行うためには自社の経営が抱える問題や将来の課題を明確にし，それを解決することが重要である．

　このような経営革新をどのように進め，新たな価値創造をどのように行ったらよいか，その方法論はどのようなものか，これらを研究し，それを実現する方法論を開発するために財団法人 日本科学技術連盟と社団法人 日本品質管理学会による共同プロジェクト「次世代TQMの構築」が2008年に発足した．この共同研究プロジェクトでは，①TQMをコアとした，次世代の品質管理技術・経営支援技術の新しい体系（科学的質経営の指導原理）を構築する，②この次世代TQMを広く普及させ，イノベーションの促進と日本企業の産業競争力向上に貢献する，ことを狙いとした．共同研究プロジェクトは次のように4つのプロジェクト（ワーキンググループ WG）から構成され，研究が進められた．

　(1)　経営質革新WG
　(2)　イノベーション・価値創造WG

(3) バリューチェーン質革新 WG
(4) 次世代 TQM 教育・普及 WG

　このうち，編者がリーダーを務めたのはイノベーション・価値創造 WG で，その中の SG2(Sub Group 2)において創造的商品設計・開発を目的にした研究グループを結成し，約 1.5 年にわたり，創造的商品設計・開発に求められるイノベーションを創出するための革新的な課題解決方法の開発に取り組んできた．そこでは，経営課題を解決するためにロシアの G. アルトシュラー(Genrich Altshuller)が開発し，日本にも 1990 年代後半に紹介された，矛盾を解消し，発明を導くための手法 TRIZ を改良し，40 の発明原理の整理・統合化を行い，39 のパラメータを機能パラメータと設計パラメータに統合・分類し，2 つのタイプの新矛盾マトリックスを開発した．さらにこれらを日本で発明され，イノベーションを創出し，市場に普及したいくつかの事例に適用し，その有効性を検証した．本書はこれらの研究成果をまとめたものである．

　本書の第 1 章では，イノベーションと本書で提案する革新的課題解決法の関係を述べ，同方法のフレームワークを提示している．次に第 2 章では，革新的課題解決法のベースとなる TRIZ の概要を述べ，その中核をなす発明原理，パラメータについて紹介する．それを実用化に向けて大きく改良し，開発したのが，第 3 章で紹介する革新的課題解決法を構成する統合発明原理と機能マトリックス及び設計マトリックスの 2 つの新矛盾マトリックスである．第 4 章では，その新矛盾マトリックスの活用方法を応用事例と共に解説する．次に第 5 章では，革新的課題解決法の対象として過去にイノベーションにより大きな価値を創出したいくつかの事例に本方法を適用した．また課題達成型 QC ストーリーにより解決された事例にも本方法を適用した．その結果それぞれのイノベーションプロセスが本方法により適切に記述できることを示し，この新たな方法によりイノベーションを創出することができることを明らかにした．最後の第 6 章では，本方法の今後の展開，発展の可能性を示した．

　本書で提案する革新的課題解決法は，課題達成型 QC ストーリーにも適用できるので，課題達成法の発展にも貢献できるであろう．今後，この革新的課題

解決法が課題解決を通してイノベーション実現・価値創出の有用な方法として普及することが期待される．

なお，本方法の研究開発に参加した研究委員は以下の通りである．

- リーダー
  長田洋（東京工業大学大学院）
- コアメンバー
  桑原正浩（アイデア），寒河江勝彦（日立製作所），澤口学（早稲田大学大学院），福嶋洋次郎（元パナソニック），濱口哲也（東京大学大学院），三原祐治（創造性工学研究所），望月朗（日産自動車）
- 研究協力者
  今野勤（神戸学院大学），新藤久和（山梨大学大学院），立林和夫（富士ゼロックス）

本書では，上記の研究委員の中から長田，三原，澤口，福嶋が執筆にあたった．

最後に，本研究の企画段階からご支援いただいた財団法人 日本科学技術連盟 浜中順一前理事長，蛇川忠暉理事長，三田征史専務理事，中島宣彦部長他，関係各位に厚く御礼申し上げます．また本書の刊行にお世話になった株式会社日科技連出版社 田中健社長，戸羽節文取締役にも改めて感謝の意を表します．

2011年10月

東京工業大学大学院

教授 長田 洋

目　　次

まえがき ……………………………………………………………………………… iii

第1章　イノベーションと革新的課題解決法 …………………… 1
1.1　はじめに　2
1.2　経営課題とその解決方法　2
1.3　イノベーションを実現するための革新的課題解決法　6
1.4　設計における革新的課題解決法の役割　8
1.5　本書の構成―革新的課題解決法の解説とその事例，適用可能性―
　　　　10

第2章　TRIZと発明原理 …………………………………… 13
2.1　TRIZとは　14
2.2　39のパラメータ／40の発明原理／矛盾マトリックス　25
2.3　TRIZの普及状況と効果　28

第3章　革新的課題解決の考え方と方法 ………………………… 33
3.1　新矛盾マトリックスの特徴　34
3.2　2つのタイプの新矛盾マトリックスと統合発明原理の提唱　42
3.3　25個の統合発明原理とその解説　50
3.4　13個の機能パラメータ　59
3.5　新矛盾マトリックス1（機能）　62
3.6　11個の設計パラメータ　65
3.7　新矛盾マトリックッス2（設計）　69

第4章　新矛盾マトリックスの活用方法 ……………………… 73
　4.1　機能パラメータの利用ガイド　　74
　4.2　新矛盾マトリックスの活用フロー　　78
　4.3　新矛盾マトリックスの活用事例　　85

第5章　革新的課題解決法の適用事例 ……………………… 97
　5.1　無縫製コンピュータ横編機及びデザインシステムを活用したニット製品の高度生産方式の開発：㈱島精機製作所　　98
　5.2　高品質・高効率・低環境負荷を同時実現する次世代製鋼プロセスの開発：住友金属工業㈱　　107
　5.3　垂直磁気記録方式ハードディスク装置の開発と実用化：㈱東芝 デジタルメディアネットワーク社　　117
　5.4　写真フイルム塗布作業における段取り時間の短縮：コニカミノルタエムジー㈱　　126
　5.5　ヒューズ用碍子品質の向上：富士電機機器制御㈱　　133

第6章　まとめと今後の発展 ……………………………… 139
　6.1　まとめ　　140
　6.2　今後の発展　　141

引用・参考文献 ……………………………………………… 145
索　　引 …………………………………………………… 147

第 1 章

イノベーションと革新的課題解決法

1.1 はじめに

　今，日本企業は大きな経済的危機に直面している．グローバル経済下での深刻な構造的な問題を解決し，将来にわたって持続的成長を遂げるためには新たな顧客価値による顧客創造が求められており，そのためには特にものづくり企業はイノベーションにより創造的な商品設計・開発を実現しなければならない．そのイノベーションを創出するためには自社の様々な経営課題の発見とその解決に取り組む必要がある．

　本章では，まず経営課題を構成する「問題」と「課題」に関する認識を明確にし，経営課題の発見の考え方を述べる．次に，経営課題の解決ではQCストーリーに含まれる問題解決法と課題達成法の違いをイノベーション創出の視点から解説する．その両者に共通し，適用できる方法を本書では「革新的課題解決法」と呼ぶことにするが，特に課題達成法に有効である．

　革新的課題解決法の基本的な考え方は，経営課題を解決するために求められるイノベーションは様々な矛盾を抱えており，この矛盾を解決しなければならないことを前提としている．矛盾を解消し，発明を促進するための手法としては，ロシアのG. アルトシュラー（Genrich Altshuller）が開発し，日本にも1990年代の後半に紹介されたTRIZが知られているが，革新的課題解決法ではこの方法を整理・統合し，より活用しやすく実用化した新たな手法を中核にしており，これを紹介する．

1.2 経営課題とその解決方法

　企業が直面する経営課題には，例えば法規制や製品規格など遵守あるいは達成しなければならない企業にとっての「問題（Problem）」と現状では特に問題とはなっていないが，将来のビジョンや目標を達成するために解決すべき「課題（Issue, Task）」とがある．図1.1にその違いを示す．一見すると両者は類似しているが，その解決方法は大きく異なる．現状の経営を革新するというイノ

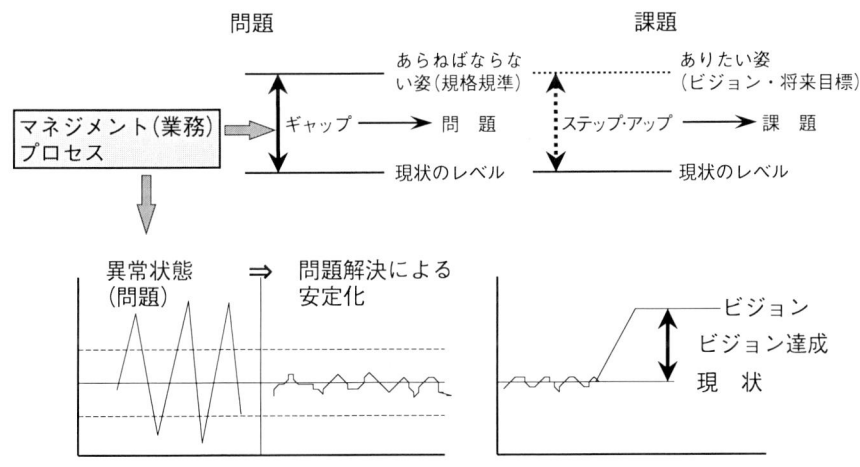

図 1.1　問題と課題

ベーションの視点からいえば前者の問題の解決は，基本となる経営の仕組み，つまり業務システムやビジネスモデルを変えることなく，そのもとで不具合や異常な状態を解決することである．このための問題解決法で最もすぐれ，企業に普及している方法は「QC 的問題解決法（問題解決型 QC ストーリー）」と呼ばれる．この方法はよく知られているように問題の原因を分析し，その抽出した原因に対策を立てる方法で，「改善」の方法である．これはインクリメンタルイノベーション（Incremental Innovation）と呼ばれ（表 1.1），すでに確立された科学的方法であるが，実際には原因を発見後にそれに対策（方策）を講じる際に，対策の効果とその副作用の矛盾，効果と投資コストの矛盾，効果と対策の技術的困難性など，効果とその実現性に関して両立できない様々な矛盾が生じることが多い．この矛盾をどのように解決するかが問われるのである．そのためには本書の革新的課題解決法により矛盾を解消し，新たな対策を考案するアプローチが有用である．

次に，課題を解決（達成）するアプローチでは表 1.1 に示したように，ビジョ

表1.1 二つのイノベーション

問題解決型 (インクリメンタルイノベーション)	課題解決(達成)型 (ラディカルイノベーション)
現状の水準とねらいとする水準の間にギャップ(問題)がある場合,既存のやり方(製品コンセプト,マネジメントシステム,ビジネスモデル)を前提に問題を解決する	ねらい(ビジョン)を達成するために,既存のやり方(システム)にこだわらず,新しいやり方(製品コンセプト,マネジメントシステム,ビジネスモデル)を創出し,課題を解決する
解析的(分析的)アプローチ	設計的アプローチ
①問題の要因(原因の候補)を列挙 ②要因の中から真の原因を特定 ③真の原因の除去	①ビジョンを達成する方策を立案 ②方策を評価・選定 ③方策に対する詳細(シナリオ)の決定
・悪さの解決,再発防止	・新規分野の開拓(新規業務への対応) ・現状打破 ・魅力的品質の創造

ン,将来目標と現状のギャップを埋めるために問題解決法のようにその原因を分析するのでなく,経営の構造,ビジネスモデル,業務システムを改革することから始まる.つまりビジョン達成のためには従来の構造の延長線上にある改善の継続的実施では解決できないからである.このようなイノベーションはラディカルイノベーション(Radical Innovation)と呼ばれ,イノベーションの創始者のJ.シュンペーター(Joseph Alois Schumpeter)が企図した「革新」に相当する.しかし,現在ではインクリメンタルイノベーションとラディカルイノベーションの双方を合わせ,(広義の)イノベーション(革新)と呼ぶことが多い.その場合,後者を改善に対して「改革」と呼び,アプローチの違いを区別している.このラディカルイノベーションを実現するのに適した手法はあまり提案されていない.本書の革新的課題解決法の目的はこのタイプのイノベーションを生起することにある.むろん上述のように問題解決法の中で対策(方策)立案にも効果的である.

このラディカルイノベーションアプローチにQC手法を取り入れたのが「課題達成法(課題達成型QCストーリー)」である.表1.2,表1.3に,この手法

表 1.2 課題達成法のステップ

ステップ	ポイント
経営方針の認識	・上位職位とのコミュニケーション ・達成すべき目標レベルの確認 ・経営方針設定の背景の理解 ・活用可能な経営資源ならびに期限の確認
課題の設定	・社内・社外の関連情報収集と動向分析 ・課題候補の列挙 ・経営方針に対する効果予測 ・課題の評価と絞り込み ・目標の設定
方策の立案・選定	・関連する既存システムのレベル把握 ・障害,ギャップの把握と解決点の設定 ・多面的な方策の列挙 ・問題解決,課題達成のアプローチ方法の吟味 ・評価項目設定と効果予測の確認 ・方策の評価と絞り込み,選定
成功シナリオの追求	・障害の洗い出しとその対応策の追求 ・方策実現のためのシナリオの列挙 ・シナリオの評価(絞り込み) ・実行計画の立案
シナリオの実施	・経営資源の組織化の計画 ・実施
効果の確認	・目標と実績の対比 ・活動プロセスの実施状況の評価
定常業務への移行	・定常業務として取り扱う組織の明確化 ・標準化と管理の定着
今後の対応	・未対応,未解決の課題の整理 ・具体的な対応方法の明確化 ・課題の認識とその解決策の検討

(出典) 狩野紀昭(監修),新田充(編)(1999):『QCサークルのための課題達成型QCストーリー(改訂第3版)』,日科技連出版社をもとに作成.

表1.3 解決アプローチの違い

ステップ	問題解決	課題解決(達成)
ステップ1	問題の発見と解決すべきテーマの選定	経営環境の認識,ビジョンの設定,課題の発見
ステップ2	現状の把握(問題の確定)と目標の設定	課題の設定
ステップ3	要因の解析	方策の立案・選定
ステップ4	対策の立案	課題解決シナリオの追求
ステップ5	対策の実施	シナリオの実施
ステップ6	効果の確認	効果の確認
ステップ7	標準化と管理の定着	定常業務への移行(管理の定着)
ステップ8	反省と今後の対応	評価と今後の課題の発見

のアプローチと問題解決法との違いを示す[1],[2].この課題達成法はQCサークルなど現場での小集団活動でも広く活用されているが,そこでは発見的な手法が活用されており,必ずしも方法論としては確立していない.その手法を裏付ける原理,法則に関しても十分整備されていない.この点を体系化し,明確にするのが本書の革新的課題解決法の狙いでもある.本書の手法を取り入れることにより,さらに課題達成法が発展することが期待できる.

1.3 イノベーションを実現するための革新的課題解決法

前述のように経済発展のためにイノベーションの重要性を説いたJ.シュンペーターはイノベーションとは「既存の製品・サービス・技術とは異なる,新しい製品・サービス・技術が生み出され,それらが市場で普及する過程」[3]を指し,イノベーションは新たな製品やサービスの開発・創出のみならず表1.4

に示すように生産方法や販売方法，流通チャネル，石油からバイオ原料などの原料転換の革新も対象にしている．さらにかつて GE や松下電器(現パナソニック)が導入した事業部制や昨今のホールディングカンパニー制などの経営組織の革新までイノベーションの対象を広く考えるべきであると述べている．

これらのイノベーションを実現するためには，その対象先においてイノベーションのための経営課題を明確にし，その課題を従来にない方法により解決しなければならない．さらにその目標達成のためのアプローチには達成時の効果と裏腹に，副作用や実現困難性など達成を阻害する「矛盾」が生じる．この矛盾をどのように解決するかが新たな方法論に問われるのであるが，その矛盾解消・解決に最も実績があり，活用されているのが TRIZ である．TRIZ はわが国に 1990 年代後半に紹介・導入されたにもかかわらず，十分普及していないのはその活用における複雑さに起因しているといっても過言でない．また様々な特殊用語が使用されていることも普及の阻害要因である．本書の革新的課題解決法では，これらの問題点を解消し，実践的な，活用しやすいツールを開発し，提供している．

一方，J. シュンペーターは「イノベーションはさまざまな知識の新たな結合

表1.4 イノベーションの対象[3], [4]

対　象	例
① 「財貨」すなわち製品・サービスの革新	・ブラウン型テレビから薄型テレビへの革新 ・インターネットによる案内・情報提供
② 生産方法の革新	・ベルトコンベア生産からセル生産への転換 ・リサイクルプロセス，ゼロエミッションの生産方式の開発
③ 販路の革新	・スーパーマーケット，コンビニエンスストアの登場
④ 原料・半製品の供給源に関する革新	・石油原料からバイオ原料への転換 ・ソーラーエネルギーの開発・導入
⑤ 組織の革新	・SBU (Strategic Business Unit，戦略的事業単位)の導入，クロスファンクショナルチームの設置

(新結合)により達成される」[3]とし，知識統合の有用性を強調している．これに対してTRIZは既存の大量の発明のプロセスを克明に分析し，そこから40の基本的な発明原理を帰納的に導いている．さらにこの発明原理を組み合わせることにより前述の矛盾が解決できることを示し，その発明原理の適用方法を定式化した．この点ではまさにJ. シュンペーターのいう知識(発明原理)の新結合を実践するツールである．しかしながらこの40の発明原理は必ずしも独立しておらず，整理・統合し，体系化する必要がある．そこで本書の革新的課題解決法では，40の発明原理を体系化し，25個の新たな「統合発明原理」を開発した．

以上のようにTRIZを発展させ，さらに実用化した革新的課題解決法はイノベーションを実現する手法として広く経営課題を革新的に解決する方法として位置づけられる．

1.4 設計における革新的課題解決法の役割

上述のように革新的課題解決法はビジョン，つまり目標を達成するためになすべき課題の設定から始まる．また問題解決のための対策の実施に際してもその対策の目的と達成すべき目標を明らかにし，対策を実施する上での課題を設定する必要がある．次に，設定された課題に対する解を可視化，つまり「見える化」し，生産するプロセスに移行するまでの作業が設計である．今野らによる開発を含む設計のステップを表 1.5 に示す[5]．

これは新製品開発・設計を目的としたステップであるが，戦略的に製品の将来方向を定める製品及び開発のコンセプト段階から始まり，顧客要求の把握から製品目標と開発課題の設定(開発展開)，そして具体的な設計ステップに移行する．設計は課題解決の考え方を考案し，その具体的な解決を創出する構想設計と，解決案を製品特性に反映する詳細設計の2ステップからなる．このうち革新的課題解決法は構想設計を実現する手法である．一方，田口玄一博士が開発した品質工学(タグチメソッド)は詳細設計を最適化するのに有用な手法であ

表 1.5 開発設計のステップ

設計開発の ステップ	目的	インプット情報	対応する手法
開発のコンセプト	対象顧客を決定する	市場伸び率,販売実績	ポートフォリオ
	開発の方向性を決める	技術予測,市場予測	数世代計画
	新製品の開発計画を決める	プロジェクトメンバー	プロジェクトチャーター
	開発の詳細手順を計画する	プロジェクトチャーター	PDPC法
開発の展開	顧客の声を聞く	顧客の生の声	インタビュー
	顧客の声を定量化する	アンケートの集計結果	アンケート
	開発の技術課題を見つける	競合製品の技術特性	企画品質表
	設計特性のねらい値を決める	技術課題	損失関数
構想設計	課題の根本原因の抽出	技術課題	なぜなぜ展開
	工学的矛盾の展開	技術特性	工学的矛盾解決マトリックス
	課題解決の考え方を出す	発明原理	TRIZの発明原理
	課題解決の解法を出す	標準解	TRIZの標準解
	課題解決の解法を選択と結合する	複数のアイデア	アイデアマトリックス
	課題解決の解法を評価する	選択されたアイデア	評価マトリックス
	設計の目標値を可変にしてパラメータを設計する	選択されたアイデア	動特性のパラメータ設計
詳細設計	設計の目標値を決めパラメータを設計する	開発製品のアイデア	静特性のパラメータ設計
	設計の目標値に実測値を合わせる	決定されたパラメータ	チューニング設計
	トラブルを事前に検証する	製品図面	FMEA
	設計パラメータの許容されるバラツキを決める	部品のバラツキ	許容差設計
設計の検証と導入	試作の重点項目を絞る	試験項目	テストプランニングマトリックス

(出典) 今野勤ほか(2005):『QFD・TRIZ・タグチメソッドによる開発・設計の効率化』, p.9, 日科技連出版社をもとに作成.

る.

　これら両者を垂直統合し，設計の一貫プロセスを構築することは設計プロセスの最適化，効率化に大きく貢献でき，大変有用な設計マネジメントといえる.

1.5　本書の構成―革新的課題解決法の解説とその事例，適用可能性―

　革新的課題解決法は上記の要求機能の矛盾を解消し，設計解を与えてくれる．本書ではその方法の詳細を事例と共に以下のような構成で紹介する.
(第2章)

　革新的課題解決法が基盤としたのはTRIZと40の発明原理である．第2章では，これらの歴史を踏まえて解説する．日本には1990年代後半にこれらの手法が紹介されたが，原版がロシア語であり，その英訳，和訳も適切でない箇所もあり，また手法の原理にも難解さがあり，必ずしも十分普及したとはいえなかった．しかし，日本の大企業の一部や韓国のサムスン，米国のインテルなどはTRIZを開発の現場で活用し，成果をあげている．このような現象を見るにつけ，TRIZ，発明原理をより実用的な手法として開発し，適用事例を作り出すことが必要と考え，革新的課題解決法が開発されたのである.
(第3章)

　革新的課題解決法の中核をなす，2つのタイプの新矛盾マトリックス，すなわち機能矛盾を解消するための「新矛盾マトリックス1(機能)」と，設計矛盾を解消する「新矛盾マトリックス2(設計)」を解説する．さらにこれらの矛盾を解消する解を提供する40の発明原理を統合発展した，25の「統合発明原理」を紹介する[6].
(第4章)

　ここでは新矛盾マトリックスを活用するための機能パラメータの利用ガイ

1.5 本書の構成—革新的課題解決法の解説とその事例,適用可能性—

ド,新矛盾マトリックスの活用フローを解説する.さらに本手法を援用し,開発した事例(高齢者向け高級ポータブルトイレと蒸気レス炊飯器)を紹介する.これらは過去の開発事例であるが,本手法を適用し,その開発プロセスを理論的に説明し,本手法の有効性を示している.特にポータブルトイレの開発ではTRIZを活用したが,本手法によりさらにその後の新たなアイデアの創出,製品改良のプロセスも体系的に説明できるようになった.

(第5章)

本章では今後,革新的課題解決法を様々な経営課題の解決,特に新商品設計・開発に適用するために,その適用可能性を検証する.ここでは,わが国の産業技術の顕彰制度として50年以上の歴史を有する最も優れたものとして高く評価されている大河内賞(大河内記念会)の受賞技術(記念技術賞,記念生産特賞)3事例,すなわち無縫製コンピュータ横編機・ニット製品の高度生産方式の開発,次世代製鋼プロセスの開発,垂直磁気記録方式ハードディスク装置の開発を取り上げ,そこでの発明や開発プロセスに本革新的課題解決法を適用し,その有効性を実証した.さらに上述のようにすでに普及している課題達成法を活用した企業のイノベーション2事例に対しても本手法を適用し,その有効性を実証した.

いずれも本手法でそのイノベーションプロセスが説明でき,今後,本手法が普及する素地が十分あることを示してくれる.

(第6章)

本書のまとめと革新的課題解決法の今後の発展の方向性を提示する.

第2章

TRIZと発明原理

2.1 TRIZ とは

　第1章で述べた困難な課題に対しては，解決策の"迅速な"提示が求められ，そのために"斬新な"アイデアの発想が要求される．これらの要求に対しては，個人の知識・知見だけではもちろんのこと，自部門や自社における既存の知識を集めてもグローバルな競争に勝てるだけの解決策・アイデアが得られないことが多い．このような場合，迅速な解決策や斬新なアイデアを得るためには，自分たちの知らない領域の知識・知恵を取り入れてアイデアを生み出す方法，つまり，
- 属人的な創造思考からの脱却
- 科学的な創造的思考方法の会得

が必要となる．

　この属人的な創造思考からの脱却と，科学的な創造的思考方法の会得のためには，
① 思いこみ(TRIZ ではこれを「心理的惰性」という)からの脱却，すなわち，課題の本質を捉えることや課題の解決策を広い視野で求める．
② 自分の専門分野にこだわらず，異分野の知識・情報を広く求め，利用する．

ことが必要となる．

　つまり，正しい方向で課題解決を行い，かつ試行錯誤の繰り返しにより時間を浪費することなく，短時間でしっかりした解決策を導くことができる方法が必要となる．

　このように研究者・技術者をはじめ，課題を抱えている全ての人を革新的な課題解決に導く方法として，TRIZ(トゥリーズ)が開発された．

(1) TRIZ の歴史

　旧ソ連海軍の特許審査官であった G. アルトシュラー(Genrich Altshuller, 1926～1998)が多くの特許を調べる中で，良い発明には一定の法則性があるこ

とを発見した．さらに数多くの特許を分析し，課題を解決するための方法として体系化したものが TRIZ である．TRIZ は G. アルトシュラーの弟子たちによってさらに多くの(250 万件ともいわれている)特許が調べられ，その方法論が補強されてきた．

　TRIZ とは，次のロシア語の頭文字，

　　Ｔеория(Theory = 理論)

　　Ｒешения(Solving = 解決)

　　Ｉзобретательских(Inventive = 発明的)

　　Ｚадач(Problem = 問題)

ТРИЗ を英語のアルファベットに置き換えたものである．日本語で表すと「発明的問題解決理論」となる(英語に翻訳した頭文字を取って TIPS といういい方もあるが，最近ではほとんど使われていない)．ここでは「発明」とあるが，新規な技術や商品の開発や革新だけではなく，仕事を進める中での改善・改良も含まれる．

　TRIZ の考え方はソ連時代に国家から十分な評価が得られなかった．しかし，G. アルトシュラーは TRIZ の考え方に共鳴して共同研究を進める人たちと共に TRIZ スクールを設立したり，地道な活動を続け，TRIZ の体系を補強して膨大な体系を作り上げてきた．その当時，西側諸国では TRIZ はほとんど知られていなかったが，その後ソ連の崩壊前後あたりから G. アルトシュラーの共同研究者や弟子たちがアメリカ，欧州，イスラエルなどに進出するようになり，西側諸国にその存在が知られるようになった．そしてコンピュータ技術と結合し，利用しやすくなることで TRIZ は世界に広まっていった．

　日本では『日経メカニカル』誌(日経 BP 社)が TRIZ を 1996 年に紹介したのが普及の端緒となった．

(2)　TRIZ の構成とその内容

　解決すべき課題を扱う際，その課題を捉える観点によって様々な切り口で捉えることができる．

一つの切り口は「矛盾」である．目の前にある課題を解決しようとすると，そのシステムの別の部分で不都合が生じてしまい，あちらを立てればこちらが立たないといった状態に陥る．別の切り口は，システム構成要素の過不足である．現在のシステムの構成要素が不足していたり，構成要素の果たしている役割が不十分であったり，場合によっては悪さをしてしまっているために課題を引き起こす．さらに別の切り口は，用いている技術そのものが未完成あるいは未熟な段階にあるために課題が発生する，などである．

一方で，課題を解決するためのヒントになるような特許や文献はたくさんあるが，膨大な情報の中からどのようにして見つけ出したらよいのかわからない，ということもある．

TRIZでは，課題に対する上記のような様々な観点に対して，それぞれ解決策の導き方がモジュールとして用意されている．TRIZはたくさんのモジュールの集合体である．これらのモジュールの中から自分の観点に合ったものを適用して解決を図っていくことができる．

TRIZの構成モジュールの主なものを次に示す．

1) 技術的矛盾解決法——技術矛盾マトリックスと発明原理——

工学的矛盾ともいう．ある特徴やパラメータに改善・改良を加えようとする場合に，そのエンジニアリングシステムの他の特徴やパラメータに支障が出る（悪化する）状況（矛盾）において，トレードオフ策を採用することなしに矛盾問題を解決する技法である．例えば，「丈夫で長持ちさせるには，厚いしっかりした材料がよい．しかし，重くなってしまう」というような場合に用いられる．

改善したい特性（39のパラメータ）と，悪化する特性（39のパラメータ）とを扱う際に，トレードオフなしにその矛盾を解決するために用いるべき方法（40の発明原理）が用意されている（**図2.1**）．

問題を対象とするシステムに当てはめた時，その解決のためにはどの発明原理を適用したらよいかを示してくれるための表「技術矛盾マトリックス」

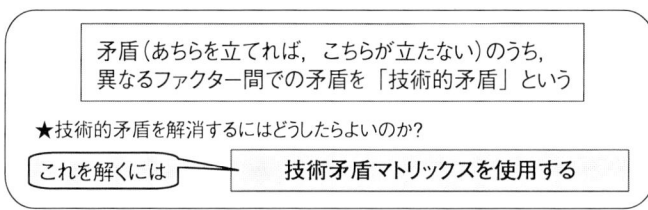

図 2.1　技術的矛盾とその解決法

(Contradiction Table)が用意されている．これについては次章で詳しく述べる．

2)　物理的矛盾解決法——分離の法則——

　上記1)の技術的矛盾のうち，改善したい特性と悪化する特性とが同じである場合に適用する．例えば，「大きくあってほしいが，(ある場合には)小さくあってほしい」といった"大きさ"という同じファクターでの矛盾を「物理的矛盾」[†]という．

　図2.2のように物理的矛盾を解決する場合には技術的矛盾の解決法が適用できないので，表2.1の4つの分離の法則を使用する．

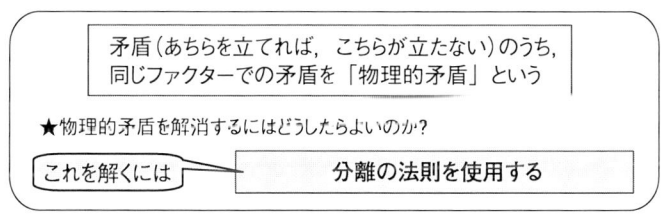

図 2.2　物理的矛盾とその解決法

---

† 物理的矛盾とは，とくに物理学的なというわけではなく，改善したい特性と悪化する特性とが同じファクター(次元)である場合の矛盾を指す．

表 2.1　分離の法則

分離の法則	内容
① 時間による分離 （異なる時間上で分離する）	・特性が，ある時には大きくなり，別の時には小さくなる ・特性が，ある時には存在し，別の時には存在しない
② 空間による分離 （異なる空間上で分離する）	・特性が，ある場所では大きくなり，別の場所では小さくなる ・特性が，ある場所では存在し，別の場所には存在しない
③ 部分と全体の分離（部分と全体で分離する）	・システムのレベルでは特性が1つの価値を持ち，部分(部品)のレベルでは反対の価値を持つ ・システムのレベルでは特性が存在し，部分(部品)のレベルでは特性が存在しない
④ 状況による分離 （異なる状況で分離する）	・特性が，ある状況では高く，他の状況では低い ・特性が，ある状況では存在し，他の状況では存在しない

3) 物質-場分析方法と標準解

　課題を持つ対象のシステムを構成しているもの(構成因子)を列挙し，構成因子のうち，作用されるものと作用するものとの間でどのような力が働いているのかを考える．この力の過不足から課題が発生するので，その力が十分か，不十分か，悪い作用をしていないか，さらにこれらの構成因子自体が不足していないか，不要な構成因子が含まれていないか，などを考えれば課題が発生する箇所が明確になる．

　この構成因子を「物質」といい，構成因子間に働く作用を「場」と呼ぶ．このことからこの課題分析方法を「物質-場分析」という(**図 2.3**)．

　物質-場分析の解決策としては，**表 2.2**に示す「76の標準解」が用意されている．

4) 進化の法則

　G. アルトシュラーが数多くの特許を分析する中で，技術はランダムに改善

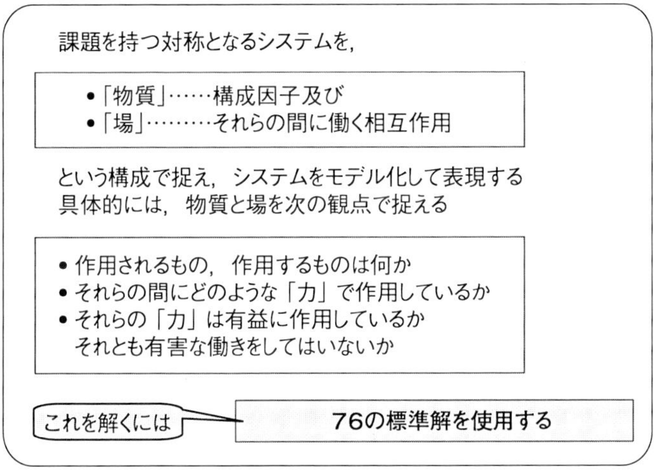

課題を持つ対称となるシステムを，

- 「物質」……構成因子及び
- 「場」………それらの間に働く相互作用

という構成で捉え，システムをモデル化して表現する
具体的には，物質と場を次の観点で捉える

- 作用されるもの，作用するものは何か
- それらの間にどのような「力」で作用しているか
- それらの「力」は有益に作用しているか
  それとも有害な働きをしてはいないか

これを解くには → 76の標準解を使用する

図 2.3　物質-場分析とその解決法

表 2.2　76 の標準解

76 の標準解	適用状況
1. 物質-場モデルの構築と破壊（13個の標準解）	物質-場モデルが不完全な場合や，有害な作用を及ぼしている場合に適用する
2. 物質-場モデルの効率化（23個の標準解）	物質-場モデルは完全だが，その効果が不十分であったり，非効率であるような場合に適用する
3. スーパーシステムやミクロレベルへの移行（6個の標準解）	技術システム（エンジニアリングシステム）の進化のトレンドに関連 上記「2. 物質-場モデルの効率化」の継続的な改善過程において適用する
4. 検出及び測定に関する標準解（17個の標準解）	技術システムの性能検出や測定に関する技術問題の解決のために適用する
5. 標準解適用のための基準と単純化（17個の標準解）	技術システムの複雑性を下げて，より単純化する

されるのではなく，生物学的・社会的システムと同様に，特定のパターンに従って「進化」しているということを見い出した．

図2.4の縦軸は様々な技術パラメータが用いられる．これらは使いやすさ，コンパクト性，持ちやすさなどといったユーザー側の要求事項や，製造のしやすさ，部品点数，コストといったメーカー側の要求事項であったり，さらには他のシステムとの親和性であったりと，様々なファクターを用いることができる．

技術パラメータとして機能を例に取ると，技術ができた最初の時期（発生期）は最低限の機能を満たしているだけだが，徐々に機能が充実し（成長期），さらに洗練されてくる（成熟前期）．しかし，ついには成長が止まってしまい（成熟後期），さらにはシステムの他の部分の改良に伴って機能が抑制されてしまう（衰退期）といったパターンを取る．

G.アルトシュラーはこの技術進化のパターンを表2.3の8つに分類した．なお，この進化のパターンは，その後G.アルトシュラーの弟子たちによって分解，発展され，改訂版が数多く提案されているが，基本は表2.3の8つである．

現在課題を抱えているシステムをこれらの法則に照らした時，現在の位置を知って，将来はどのような方向に進むはず／進むべきかを考えることができ

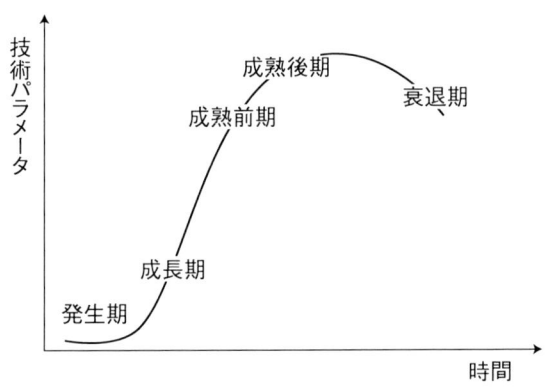

図2.4 技術進化

表 2.3 進化のパターン

① 理想性増加の法則
② システムパーツ完全性の法則
③ エネルギー伝導性の法則
④ リズム調和性向上の法則
⑤ システム要素の不均等な進化の法則
⑥ 上位システムへの移行の法則
⑦ マクロからミクロへの遷移の法則
⑧ 物質-場の完成度増加の法則

る．すなわち TRIZ の進化の法則を利用することで，現在の技術の未発達部分を知るのみならず，将来の進化方向を先読みし，先手を打つことも可能となる．

5) Effects（効果）

数多くの優れた特許は，いろいろな科学的法則や原理に基づいた効果を利用している．自分の課題に対してどのような科学的効果を利用したらよいか，コンセプトを実現する具体的手段がわかれば容易に解決できるはずである．

特許で表されているものを中心とした実際の技術活用例や，アルキメデスの原理，パスカルの法則，毛細管現象といった原理・法則・現象が利用できるはずであり，これらは自分の課題に役立つ事象ということから有益機能ともいう．自分の知っている技術領域の中の知識にとどまらず，物理・化学・数学などのいろいろな技術分野，いろいろな業界の技術を広く集めて，有益機能から自分の課題の解決に役立つ効果を導く逆引き辞書が用意されている．それが「Effects（効果）」である．

Effects では，技術的機能（物体を移動させる，特性を計測するなど），入手可能な材料，利用可能なエネルギーやフィールドなどの多面的検索が可能であり，ここで得られた類似の事例をヒントに課題を解決する．

6) 最終理想解（IFR：Ideal Final Results）

現在の課題を一つずつ改善しようとする見方とは逆に，TRIZではまず理想的にはどうありたいのか，どのような姿が理想的なのかを考えて，その理想状態と現実とのギャップをどのように埋めるか，というように考える方法がある．

現在抱えている課題を解決しようとする際に，どうしても現在のシステムに囚われてしまうという状況に陥りやすいが，まず理想状態を考えるという考え方を取ることで，現在のシステムから離れた斬新なアイデアを生み出しやすい特徴を持っている．これが，「最終理想解（IFR：Ideal Final Results）」と呼ばれるものである（図2.5）．

7) SLP（Smart Little People／小さな賢人）

「SLP（Smart Little People／小さな賢人）」とは，6)項の最終理想解（IFR），すなわち理想の追求（ありたい姿）からの展開の方法に近づけるための方法で，問題の起こっている部分において問題が起こらない理想状態をまず考える．ここでは解決策をいきなり考えるのではなく，問題を食い止める力，すなわち理想状態を保つことをまず考える．

現状に囚われない自由な思考を働かせる方法としてSLP（Smart Little People）を用いる．SLPとは，分子サイズの，あるいは原子サイズの，さらに

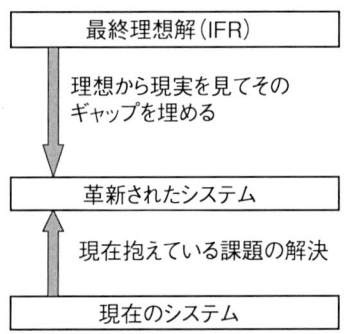

図2.5　最終理想解を用いた課題解決を進める方向

はもっと小さくて，しかも何でもでき，何でも持ってきてくれるスーパーマン的な働きのできる小さい人のことである．このSLPの働きによって問題がある場所を理想的な状態を保たせる，あるいはSLPに理想的な状態を構築させる，その結果，理想的に解決が行われる，というものである．

以上のTRIZの構成モジュールの全体像を図2.6にまとめる．図中で実線枠で囲ったものが解決法である．このようにTRIZでは，課題を捉える種々の観点に対応した多くの解法が用意されているので，それぞれの観点に応じたモジュールを使っていく．合理的な思考法の下に，技術進化の法則，知識・情報，

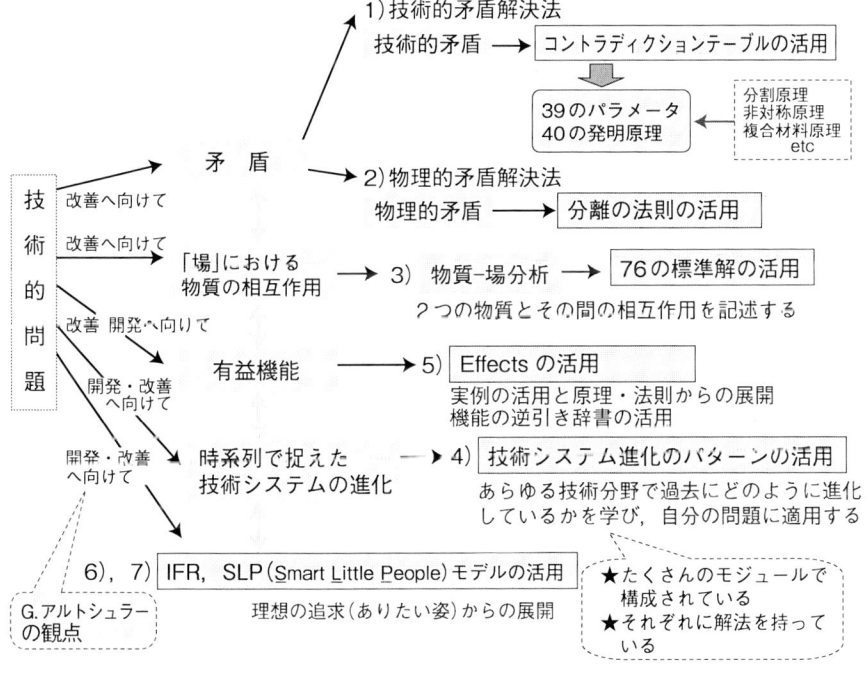

図2.6　TRIZの構成モジュールの全体像

理想の追求などの解決方法を組み合わせて，創造的な解決策を得ようとするものである．

(3) TRIZの考え方

図2.6のTRIZの解決法のそれぞれの進め方は，試行錯誤を繰り返して自分の課題に対していきなり具体的な解決策を「当てようとする」のではなく，課題を一旦抽象化(一般化)し，それに対する抽象化解(一般解)を得て，その一般解に自分の課題を当てはめて自分の解を得る，という共通の考え方で捉えることができる．

図2.7の中の二次方程式の例で書いているように，二次方程式を一般式化──→公式解──→固有解というように考えて解くのと全く同じ手順を取るのがTRIZの考え方である．

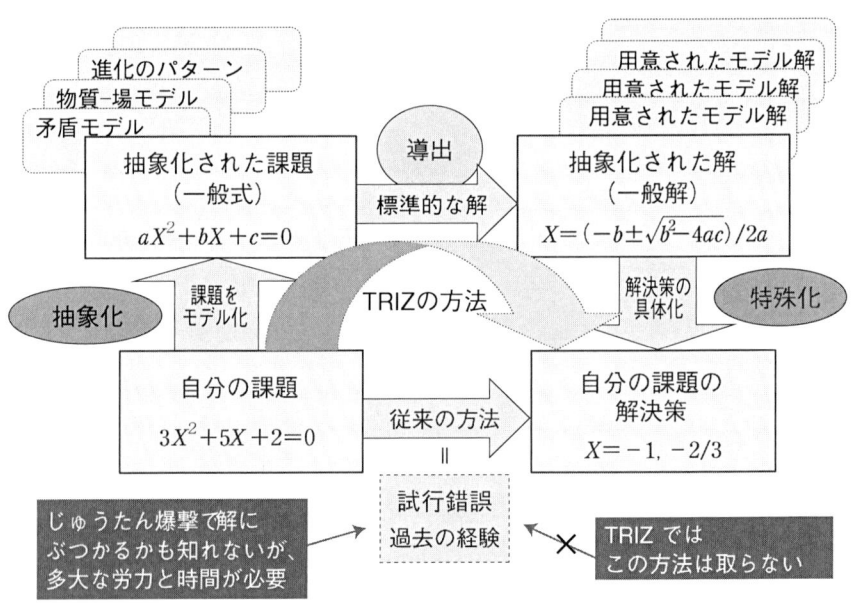

図2.7　TRIZのの基本的な考え方

2.2 39のパラメータ／40の発明原理／矛盾マトリックス

2.1節で述べた技術的矛盾解決法は，ある特徴やパラメータに改善・改良を加えた結果，その技術システムの他の特徴やパラメータに支障が出る(悪化する)状況(「技術的矛盾」)において，トレードオフ策を採用することなしに課題を解決する技法である．

対象とする課題を持つシステムを考えるために，良化したい特性と，悪化する特性(「39のパラメータ」(表2.4))と，その矛盾解決に用いるべき方法「40の発明原理」(表2.5)を用意している．特性(パラメータ)としては，改善したいことと悪化することとは同じ項目になる．

改善したい特性を縦軸に，悪化する特性を横軸にして表にしたものが「技術矛盾解決表」あるいは「技術矛盾マトリックス(Contradiction Table)」(表2.6)と呼ばれるものである．

自分の扱っているシステムにおいて，ある特性を改善しようとすると，その時に悪化してしまう特性を選び，その交点に書かれている数字を得る．この表の中の数字(1～40)が40の発明原理の番号に対応するもので，それが解決のための方法になる．むやみに解決策を模索するのではなく，考える視点を明示してくれているので，その視点に沿って考えればよい．

各々の発明原理にはいくつかのサブ原理[1],[23]が用意されていて，発明原理及びサブ原理の視点が解決策を考える指標となる．例えば，発明原理1の「分割原理」のサブ原理には以下の項目が含まれている．

① 1つの物体を個々の部分に分割する．
② 物体を容易に分解できるようにする．
③ 物体の分解や分裂の度合いを高める(最小の部分単位に分割する)．

発明原理1の"分割"には，「分割する」だけでなく，「容易に分解できるようにする」や，「分解の度合い・程度を大きくする」ことも含まれるのである．

表2.4　39のパラメータ[7)]

1	動く物体の重量	14	強度	27	信頼性
2	静止物体の重量	15	動く物体の動作時間	28	測定精度
3	動く物体の長さ	16	静止物体の動作時間	29	製造精度
4	静止物体の長さ	17	温度	30	物質が受ける有害要因
5	動く物体の面積	18	照度	31	物体が発する有害要因
6	静止物体の面積	19	動く物体のエネルギー消費	32	製造の容易性
7	動く物体の体積	20	静止物体のエネルギー消費	33	操作の容易性
8	静止物体の体積	21	出力	34	修理の容易性
9	速度	22	エネルギー損失	35	適応性または融通性
10	力（強さ）	23	物質損失	36	装置の複雑度
11	応力または圧力	24	情報の損失	37	検知と測定の困難度
12	形状	25	時間の損失	38	自動化の範囲
13	物体の組成の安定性	26	物質の量	39	生産性

表2.5　40の発明原理[7)]

1	分割原理	15	ダイナミック性原理	28	機械的システム代替原理
2	分離原理	16	アバウト原理	29	流体利用原理
3	局所性質原理	17	他次元移行原理	30	薄膜利用原理
4	非対称原理	18	機械的振動原理	31	多孔質利用原理
5	組み合わせ原理	19	周期的作用原理	32	変色利用原理
6	汎用性原理	20	連続性原理	33	均質性原理
7	入れ子原理	21	高速実行原理	34	排除／再生原理
8	つりあい原理	22	「災い転じて福となす」の原理	35	パラメータ変更原理
9	先取り反作用原理	23	フィードバック原理	36	相変化原理
10	先取り作用原理	24	仲介原理	37	熱膨張原理
11	事前保護原理	25	セルフサービス原理	38	高濃度酸素利用原理
12	等ポテンシャル原理	26	代替原理	39	不活性雰囲気利用原理
13	逆発想原理	27	「高価な長寿命より安価な短寿命」の原理	40	複合材料原理
14	曲面原理				

表2.6 G. アルトシュラー版「技術矛盾マトリックス (Contradiction Table)」[7)]

悪化する特性＼良化したい特性		1 移動物体の重量	2 静止物体の重量	9 速度	10 力（強さ）	11 応力・圧力	12 形状	13 物体の組成の安定性	14 強度	39 生産性
1	動く物体の重量			02, 08, 15, 38	08, 10, 18, 37	10, 36, 37, 40	10, 14, 35, 40	01, 35, 19, 39	28, 27, 18, 40	35, 03, 24, 37
2	静止物体の重量				08, 10, 19, 35	13, 29, 10, 18	13, 10, 29, 14	26, 39, 01, 40	28, 02, 10, 27	01, 28, 15, 35
3	動く物体の長さ	15, 08, 29, 34		13, 04, 08	17, 10, 04	01, 08, 35	01, 08, 10, 29	01, 08, 15, 34	08, 35, 29, 34	14, 04, 28, 29
4	静止物体の長さ		35, 28, 40, 29		28, 10	01, 14, 35	13, 14, 15, 07	39, 37, 35	15, 14, 28, 26	30, 14, 07, 26
5	動く物体の面積	02, 17, 29, 04		29, 30, 04, 34	19, 30, 35, 02	10, 15, 36, 28	05, 34, 29, 04	11, 02, 13, 39	03, 15, 40, 14	10, 26, 34, 02
6	静止物体の面積		30, 02, 14, 18		01, 18, 35, 36	10, 15, 36, 37		02, 38	40	10, 15, 17, 07
7	動く物体の体積	02, 26, 29, 40		29, 04, 38, 34	15, 35, 36, 37	06, 35, 36, 37	01, 15, 29, 04	28, 10, 01, 39	09, 14, 15, 07	10, 06, 02, 34
8	静止物体の体積		35, 10, 19, 14		02, 18, 37	24, 35	07, 02, 35	34, 28, 35, 40	09, 14, 17, 15	35, 37, 10, 02
9	速度	02, 28, 13, 38			13, 28, 15, 19	06, 18, 38, 40	35, 15, 18, 34	28, 33, 01, 18	08, 03, 26, 14	
10	力（強さ）	08, 01, 37, 18	18, 13, 01, 28	13, 28, 15, 12		18, 21, 11	10, 35, 40, 34	35, 10, 21	35, 10, 14, 27	03, 28, 35, 37
11	応力または圧力	10, 36, 37, 40	13, 29, 10, 18	06, 35, 36	36, 35, 21		35, 04, 15, 10	35, 33, 02, 40	09, 18, 03, 40	10, 14, 35, 37
12	形状	08, 10, 29, 40	15, 10, 26, 03	35, 15, 34, 18	35, 10, 34, 40	34, 15, 10, 14		33, 01, 18, 04	30, 14, 10, 40	17, 26, 34, 10
13	物体の組成の安定性	21, 35, 02, 39	26, 39, 01, 40	33, 15, 28, 18	10, 35, 21, 16	02, 35, 22, 26	22, 01, 18, 04		17, 09, 15	23, 35, 40, 03
14	強度	01, 08, 40, 15	40, 26, 27, 01	08, 13, 26, 14	10, 18, 03, 14	10, 03, 18, 40	10, 30, 35, 40	13, 17, 35		29, 35, 10, 14
15	動く物体の動作時間	19, 05, 34, 31		03, 35, 05	19, 02, 16	19, 03, 27	14, 26, 28, 25	13, 03, 35	27, 03, 10	35, 17, 14, 19
16	静止物体の動作時間		06, 27, 19, 16					39, 03, 35, 23		20, 10, 16, 38
17	温度	36, 22, 06, 38	22, 35, 32	02, 28, 36, 30	35, 10, 03, 21	35, 39, 19, 02	14, 22, 19, 32	01, 35, 32	10, 30, 22, 40	15, 28, 35
18	照度	19, 01, 32	02, 35, 32	10, 13, 19	26, 19, 06		32, 30	32, 03, 27	35, 19	02, 25, 16
19	動く物体のエネルギー消費	12, 18, 28, 31		08, 15, 35	16, 26, 21, 02	23, 14, 25	12, 02, 29	19, 13, 17, 24	05, 19, 09, 35	12, 28, 35
20	静止物体のエネルギー消費		19, 09, 06, 27		36, 37			27, 04, 29, 18	35	01, 6
39	生産性	35, 26, 24, 37	28, 27, 15, 03	28, 15, 10, 36	10, 37, 14	14, 10, 34, 40	35, 03, 22, 39	29, 28, 10, 18		

注） セル中の数字は 40 の発明原理の番号

2.3 TRIZの普及状況と効果

(1) TRIZの普及状況

　TRIZが日本に紹介されてから，ほぼ15年が経とうとしている．戦後日本の産業発展に貢献してきた主な管理技術（TRIZ含む）の普及度合いについて，2006年に筆者が実施した活用度調査（回答者は技術者中心の145名）[8]の結果から判断すると，TRIZの活用度は図2.8に示すようにまだ低いのが実情である．ただ，相対的に活用・定着度が高いQC，VE，FTA・FMEAなどが日本で積み重ねた歴史が半世紀以上に及ぶという事実を考えると，時間的には，TRIZの日本での活用・定着の可能性は今後十分期待できるともいえよう．

　事実，2005年にTRIZ協議会が発足し，2007年3月にはNPO法人TRIZ

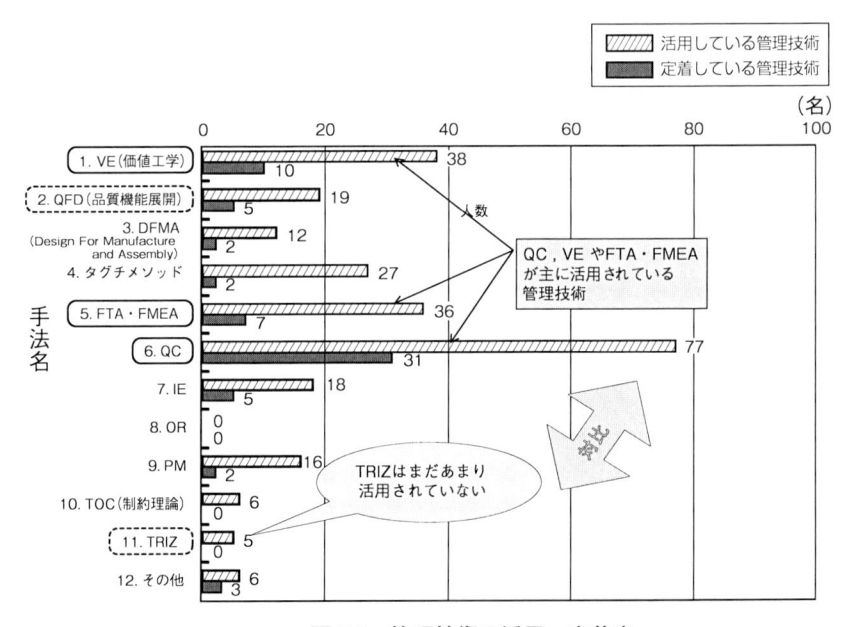

図2.8　管理技術の活用・定着度

協会に発展している．また，第1回 TRIZ シンポジウムが2005年に104名(国内参加者100名)を集めて開催されて以来，毎年9月に TRIZ 協会の主催で TRIZ シンポジウムが開催されている．着実に TRIZ の研究・実施事例が紹介され，2007年には2005年の約2倍の202名(国内参加者191名)が参加している．その後は，日本の経済状況の悪化等もあり漸減しているものの，概ね140～170名前後(国内参加者120～160名前後)で推移しており，TRIZ の中心的な国際会議の1つである Future TRIZ Conference, ETRIA(欧州 TRIZ 学会の開催)と比較する(図2.9)と，むしろ参加者数では日本の方がやや優位に立っている．つまり現在の日本は，世界の主要地域の中での TRIZ の普及度として捉えれば決して低くはないともいえる．

しかしその一方で，活用・定着度が調査結果(図2.8)で2番目に高かった VE と比較してみると，例年日本の VE 全国大会への参加者は平均500名前後(図2.10)と TRIZ の3倍程度で推移しているのも事実である．これは，TRIZ の普及度が他の管理技術(本ケースでは VE)と比較すると，世界的にもまだ発展途上にあることを示している．

しかし，これらの事実を逆説的に捉えると，TRIZ は普及上の課題(詳細は後述するが，主に活用手法が多様かつ複雑で導入しにくいという側面)を解決し，TRIZ 手法の魅力度(実践活用度)を改善できれば，産業界に大いに貢献し，結果的に普及度も大幅にアップするだけの潜在的可能性を秘めているとも解釈できる．

(2) TRIZ の効果──TRIZ を積極的に導入する企業──

TRIZ の効果が現在どの程度産業界で認知されているのだろうか．TRIZ の効果を直接定量的に測定することは不可能なため，間接的な手段として，過去の日本 TRIZ シンポジウムにおいて，日本企業がどの程度 TRIZ 事例などの発表(一般発表数に研究会発表も加算)実績を積み重ねてきたかを把握し，日本における企業の TRIZ に対する効果やその期待度を考察する．

過去6年間(2005～2010年)で，1回以上シンポジウムで発表した企業数は

30　第2章　TRIZと発明原理

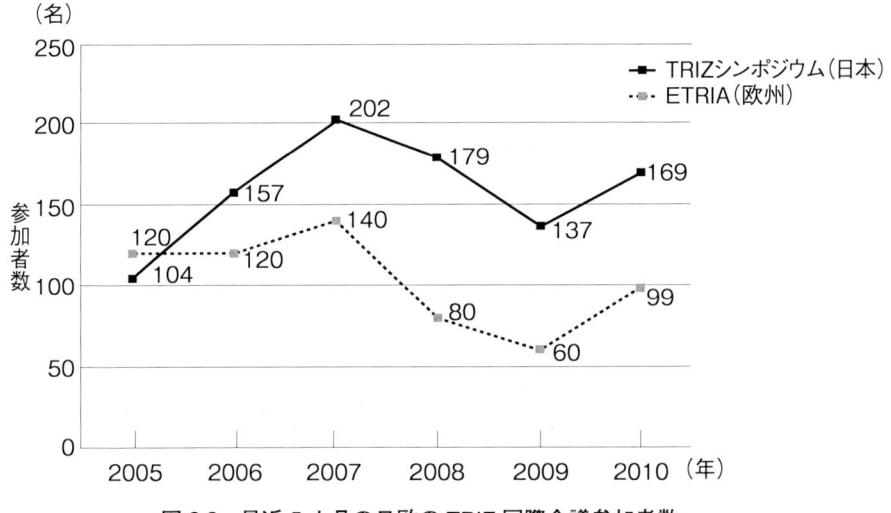

図2.9　最近5カ月の日欧のTRIZ国際会議参加者数

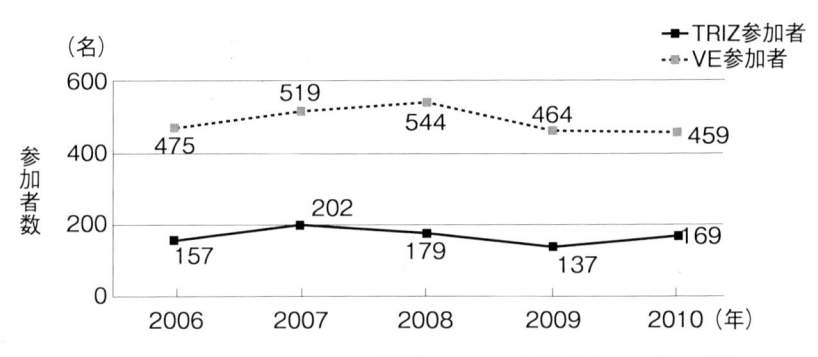

図2.10　日本のTRIZシンポジウムとVE全国大会への参加者数

31社あり，発表総数は研究会単位の発表分も含めて合計88件（基調講演・チュートリアル除く）ほどあった．この内訳を見てみると，パナソニックグループの約17％（15件）と日立グループの約13.6％（12件）の発表件数が相対的に多く，他社（大半は1～2件程度）に比較すると占有率は比較的高い．しかし，他

の大手電機メーカーや，精密機器，事務機器，住宅メーカー，鉄道サービス業，さらには中小企業の発表まで網羅されており，企業の内訳もかなり多様なラインナップになっている．

それに対して隣国の韓国の状況を考察してみる．韓国はGTC(Global TRIZ Conference in Korea)を昨年から開催したので，過去実績は2年間(2010～2011年)だけであるが，同様の分析を試みてみた．なお，参加者数は毎回180～200名程度であった．

その結果，1回以上発表した企業数は10社，発表総数は16件(韓国では研究発表の形式がないため，一般発表のみのカウント)であった．この内訳を見ると，Samsungグループが全体の50%(8件)と圧倒的に占有率が高くなっている．その他の企業もLG，POSCO，Hyundai-kia Motorなど，財閥系企業が目立つ．ただ，このままでは集計年数に大きな違いがあるので，日本も最近の2年間(2009～2010年)に絞って改めて比較してみた．

日本の方は発表件数が33件であり，日立グループは全体の約12%(4件)，パナソニックグループは全体の約9%(3件)で，2社の占有率はむしろ低くなっている．このような事実から，日本は特定の大企業だけがTRIZに熱心であるというよりも，着実に広くTRIZ適用のすそ野が広がりつつある状態であり，日本の場合は「ボトムアップ型アプローチで徐々にTRIZの効果が認知されている状態」であると推察できる．一方韓国の場合は，Samsungを筆頭に財閥系企業が熱心にTRIZに取り組んでいるのは事実であるが，財閥系以外の企業(中小企業など含む)への広がりは感じられない．

このような特徴から，韓国の場合は「トップダウン型アプローチで一部の財閥系企業中心に一気にTRIZの効果が認知されている状態」であり，日韓ではTRIZに対する効果の認知パターンが異なるといってよいだろう．その他の海外企業を見ると，例えば米国のIntelなども頻繁にTRIZ国際会議で発表を継続しており，同社もSamsung同様にトップダウン型アプローチでTRIZを導入しているタイプであると推察できる．

このように日本はボトムアップ型でTRIZに対する効果が認知されるパター

表 2.7 日韓企業 TRIZ 導入アプローチの違い (TRIZ 国際会議から)

各特徴	日本	韓国
主な TRIZ 導入企業	大企業が中心ながら中小企業の参加もあり，全体的に多様である	Samsung 中心に財閥系企業の参加が圧倒的に多い
導入アプローチ	企業内の一部門でボトムアップ式に徐々に裾野を広げる	CEO のトップダウンで一気に適用範囲を広げる
発表内容	最近は具体的なテーマに関する事例は少なく，啓蒙的な内容が多い	TRIZ 導入に関する啓蒙的なテーマだけでなく，具体的な解決事例の発表も多い

ンであり，適用する企業自体は徐々に増えて裾野は広がっている印象が強い．したがって今後は，このような日本の企業文化に適した TRIZ 手法の開発が急務であり，それが結果的に日本での TRIZ の認知度をさらに向上させることになるだろう(表 2.7)．

第3章

革新的課題解決の考え方と方法

3.1 新矛盾マトリックスの特徴

(1) 革新的課題解決の基本思考と技術矛盾の解決アプローチ

　本書で提唱する革新的課題解決法は，TRIZと同様に矛盾を妥協なく解決し，製品の理想性の向上を目指すものである．具体的なアプローチは，ARIZ(アリーズ)†と呼称される「問題解決のアルゴリズム」が担っている．しかしARIZは，最初のバージョン(ARIZ 59)から1985年版(ARIZ 85)[9]まで，数年毎に改定されてきた歴史があるため，ARIZのバージョンも数多く存在[7), 9)]し，QCストーリーやVEジョブプランのように典型的な手順が定着しているわけではない．

　ARIZの基本思考は，「有益機能」(パラメータがプラスの方向)を向上させ，「有害機能」(パラメータがマイナスの方向)を低減させることで，対象システムの理想性向上を目指すということであり，特に，有益機能の達成度が極めて高く，有害機能がゼロの「最終理想解」(Ideal Final Result)を意識するケースが多い．そして，この思考プロセスの中で，保有資源(時間資源，空間資源，物質資源，場の資源など)を有効活用しながら，合理的(ムリ，ムダ，ムラなく)に，技術的対立点(矛盾)を把握・解決することによって，対象システムの理想度の飛躍的な向上を目指すことが，全てのARIZの共通認識になっているといってもよいだろう．この思考プロセスを体系化したものを，図3.1に示す．

　本書で提唱する2つのタイプの「新矛盾マトリックス」の活用アプローチ(フロー)も，原則的にはこのARIZ及びTRIZの基本思考を大前提に検討している．したがって，この基本思考をベースに課題設定する場合は，あくまでも有益機能の向上と有害機能の低減による理想性向上であり，究極的なゴール(到達地点)は，「最終理想解(IFR/Ideal Final Result)：UF(Useful Function) $\Rightarrow \infty$　HF(Harmful Function) $\Rightarrow 0$」である．この関係を概念式でまとめると

---

† ARIZとは，TRIZの各手法を体系的に活用した課題解決のアルゴリズムであり，当初はARIZとTRIZは一緒に見られる事も多かったが，現在では手法論の名称としてはTRIZで一本化されている．

図 3.2 のようになる.

　従来の伝統的な課題解決上のアイデア発想の特徴を, あえて TRIZ の理想性向上の視点で整理すると, 現実の場面では, 有益機能を向上させるが, 有害機能も悪化してしまうケースが多い. 有益機能の向上(プラス)分が, 有害機能の悪化(マイナス)分よりも大きければ, 相対的に理想性は向上することになるので許容しようとするトレードオフの考え方(図 3.3)がベースになってい

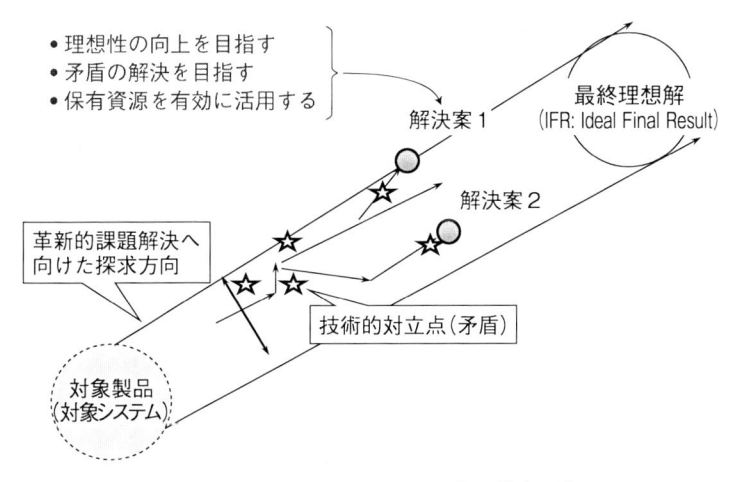

図 3.1　ARIZ による課題解決の基本思考

$$\text{IFR} = \frac{\sum \text{UF}_i \to \infty}{\sum \text{HE}_i \to 0}$$

- 有益機能を実現する
- 不十分な有益機能を十分にする
- 有益機能をさらに向上させる
- 有益機能を強化する

- 有害機能を排除する
- 有害機能を防止する
- 有害機能を低減する

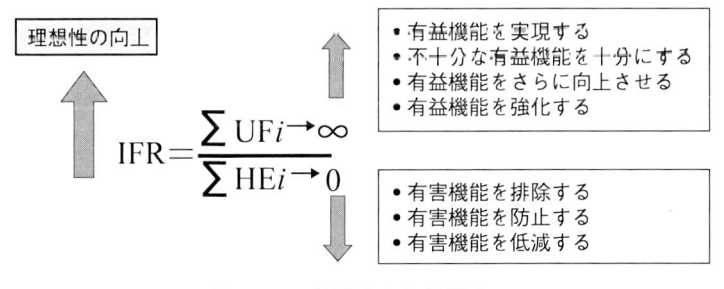

図 3.2　理想性向上を目指す TRIZ

伝統的なアイデア発想の視点

$\uparrow$ ○ 有益機能：UF_i ($i=1\sim n$)	⟵二律背反⟶	有害機能：HF_j ($j=1\sim m$) $\uparrow$ ×

＋(プラス)の方向	－(マイナス)の方向
有益機能を実現すると	新たな有害機能が出現する
不十分有益機能を十分にすると	些細な有害機能が目立つようになる
有益機能をさらに向上させると	有害機能が危険水域に達する
有益機能を強化すると	有害機能も強化される

$\downarrow$ ○ 有害機能：HF_j ($j=1\sim m$)	⟵二律背反⟶	有益機能：UF_i ($i=1\sim n$) $\downarrow$ ×

＋(プラス)の方向	－(マイナス)の方向
有害機能を排除すると	有益機能が消滅する
有害機能を防止すると	有益機能が阻止される
有害機能を低減すると	有益機能が不十分になる

⬇ 日常的に多いのは，

"＋(プラス)" ＞ "－(マイナス)"にして，理想性向上を目指すトレードオフの視点(妥協案)

図3.3 従来のトレードオフ的アイデア発想の視点

る．それに対して，TRIZによるアイデア発想の視点は，あくまでも最終理想解(IFR)の方向にあるので，有益機能と有害機能間のトレードオフは許容外の発想であり，あくまでも有益機能の向上と有害機能の低減の同時達成を目指す(技術)矛盾解決の視点(図3.4)が大前提になっている．すなわち，有益機能と有害機能という二律背反する関係の中で，相対的な有意性を考慮して，トレードオフを許容する発想が伝統的発想法であり，有益機能と有害機能の二律背反自体を解消しようとする発想がTRIZの発想法なのである．これは2つのタイプの「新矛盾マトリックス」でも当然不変のコンセプトである．

従来の主流であるトレードオフ的発想は，チーム単位(プロジェクト活動)に

3.1 新矛盾マトリックスの特徴

TRIZのアイデア発想→矛盾解決の視点

有益機能：UF_i $(i=1～n)$ ⇔ 二律背反の解消 ⇔ 有害機能：HF_j $(j=1～m)$

＋(プラス)の方向	－(マイナス)は生じない
有益機能を実現しても	新たな有害機能が出現しない
不十分有益機能を十分にしても	些細な有害機能は目立たない
有益機能をさらに向上させても	有害機能は安全水域のまま
有益機能を強化しても	有害機能までは強化されない

有害機能：HF_j $(j=1～m)$ ⇔ 二律背反の解消 ⇔ 有益機能：UF_i $(i=1～n)$

＋(プラス)の方向	－(マイナス)は生じない
有害機能を排除しても	有益機能は消滅しない
有害機能を防止しても	有益機能が阻止されない
有害機能を低減しても	有益機能が不十分にはならない

TRIZでは"二律背反"という矛盾の解決が重要！

図 3.4 TRIZ による矛盾解決のアイデア発想の視点

よるブレーン・ストーミングからスタートするケースが多いので，最初は数多くのアイデアの創出が期待できるが，みな同じ業界の経験者(技術者)ということで，発想が偏る現象＝心理的惰性に陥って，最後はやはりトレードオフ的妥協で落とし所を探るケースが多いといわれている[10]．

この背景にあるのは，いくらチームの相乗効果で表面的に多くのアイデアが一度は創出できても，課題の本質が不明瞭なままでの"見切り発車"では，最後は，トレードオフという妥協に行き着くしかないという課題解決の本質論の理解度の問題である．そこで TRIZ では，図 3.5 に示すように，効果的な課題解決を実現するためには，数学的アプローチの如く，まずは課題自体の抽象化

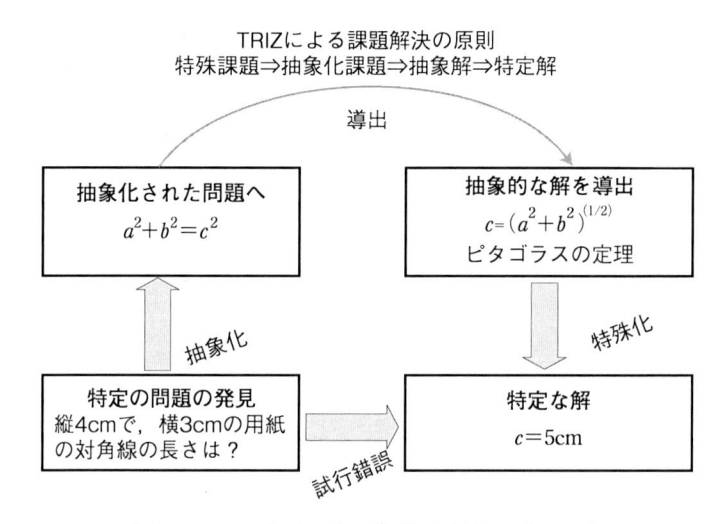

図3.5　TRIZによる課題解決の基本アプローチ

TRIZによる課題解決の原則
特殊課題⇒抽象化課題⇒抽象解⇒特定解

- 抽象化された問題へ：$a^2+b^2=c^2$
- 抽象的な解を導出：$c=(a^2+b^2)^{(1/2)}$　ピタゴラスの定理
- 特定の問題の発見：縦4cm で，横3cm の用紙の対角線の長さは？
- 特定な解：$c=5$cm

（抽象化／導出／特殊化／試行錯誤）

（すなわち課題の本質を見極める作業）が重要である[11]と説いている．これができれば，心理的惰性を排除したうえで，抽象解（2つのタイプの「新矛盾マトリックス」では「統合新発明原理」がこれに対応する）を発想のガイドにして，効果的な具体解（特定解）＝矛盾の解決案の創出が可能になるわけである．

あえて逆にいえば，単純にブレーン・ストーミングでいきなり数多くのアイデアを求める活動は，この図3.5に当てはめると「数学の問題でいきなり解答を求めるために具体的な数字をランダムに導入する不毛の思考に近い」ということになり，一つの問題の投げかけになっている．

そこで，本書で提唱する2つのタイプの「新矛盾マトリックス」も含めて，TRIZ的アイデア発想の原点である，技術的矛盾をより積極的に解決していく方向性を概念図上で整理すると，**図3.6**のようになる．

技術的矛盾解決の主な7パターン

	＋（プラス）の方向：∞(＋)へ	－（マイナス）の方向：ゼロ(0)へ
①	有益機能を実現しても	新たな有害機能が出現しない
②	不十分有益機能を十分にしても	些細な有害機能が目立たない
③	有益機能をさらに向上させても	有害機能が危険水域にならない
④	有益機能を強化しても	有害機能は強化されない

	＋（プラス）の方向：∞(＋)へ	－（マイナス）の方向：ゼロ(0)へ
⑤	有害機能を排除しても	有益機能が消滅しない
⑥	有害機能を防止しても	有益機能が阻止されない
⑦	有害機能を低減しても	有益機能が不十分にならない

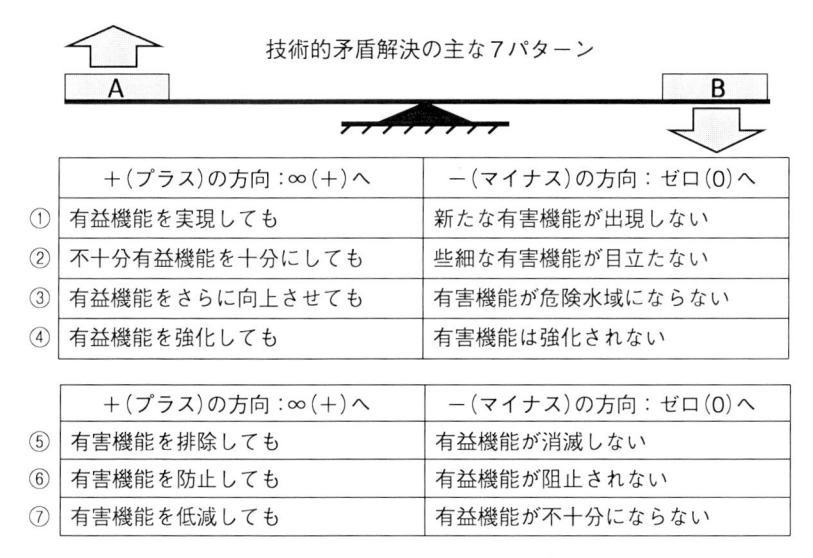

図3.6　技術的矛盾解決の主なパターン

（2）　製品開発プロセスと技術的矛盾の各レベル

　製品開発プロセスは，通常は顧客要求（VOC：Voice of Customer）の把握から始まり，それに基づいて要求機能の定義を行い，その要求機能達成に関わる手段を考える．それが基本構想案であり，この段階で，ある程度形状などが固まってくる．そして，その後に長さや面積や体積などの細部構造の洗練化を進めて，最終的に製品設計図が完成するわけである．製品開発プロセスは，概ねこの3段階を経ている．3段階別の要求特性を概念図上で整理すると，**図3.7**のようになる．

　そこで今回は，このような3段階別の要求特性を常に意識して，解決すべき技術的課題もこれらに対応させるべきであるという方向で考えている．具体的にいえば，この3段階別の要求特性に応じて，現実の世界でも「技術的矛盾」（物理的矛盾も含めて）が存在することを前提とし，それらのレベル別技術的矛盾に対処する手段として，本書では2つのタイプの「新矛盾マトリックス」，

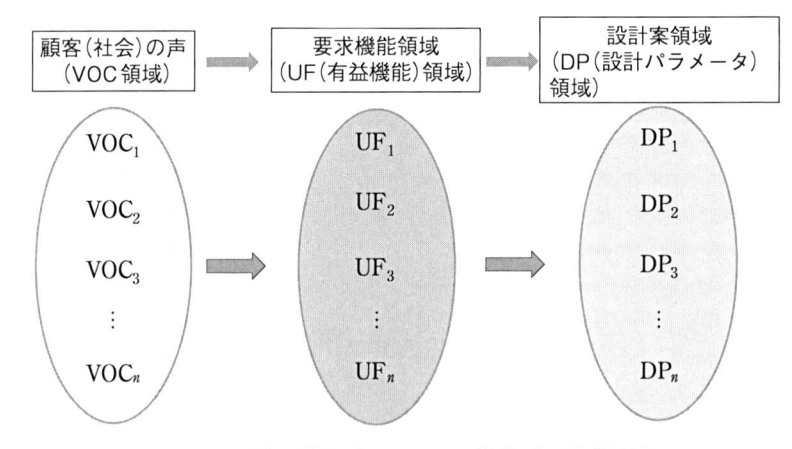

第3章 革新的課題解決の考え方と方法

図3.7 製品開発プロセスの3段階別の要求特性

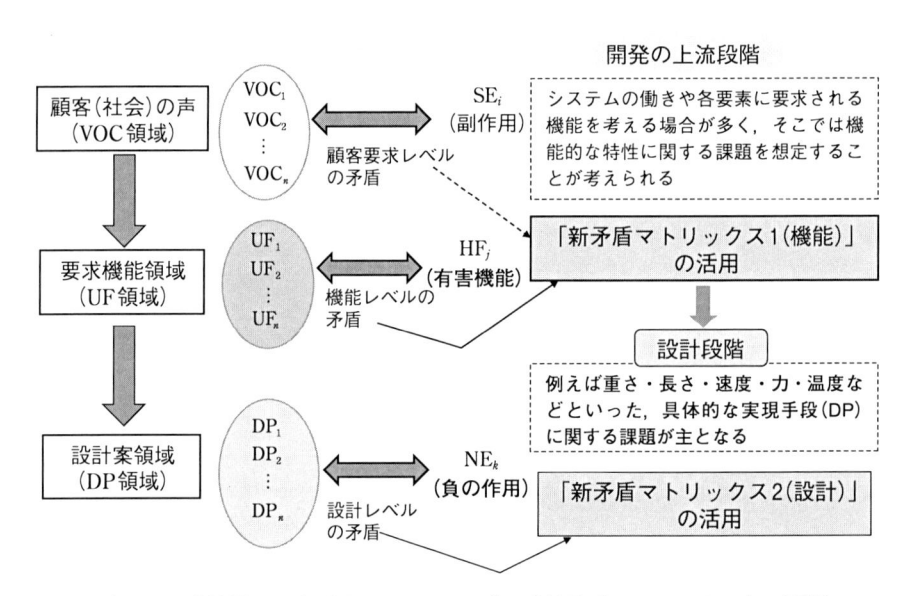

顧客（社会）の声（VOC領域）：$VOC_1, VOC_2, VOC_3, \ldots, VOC_n$

要求機能領域（UF（有益機能）領域）：$UF_1, UF_2, UF_3, \ldots, UF_n$

設計案領域（DP（設計パラメータ）領域）：$DP_1, DP_2, DP_3, \ldots, DP_n$

図3.8 要求特性の3段階と2つのタイプの「新矛盾マトリックス」の関係

- 顧客（社会）の声（VOC領域）：$VOC_1, VOC_2, \ldots, VOC_n$ ⇔ SE_i（副作用）／顧客要求レベルの矛盾
- 要求機能領域（UF領域）：$UF_1, UF_2, \ldots, UF_n$ ⇔ HF_j（有害機能）／機能レベルの矛盾
- 設計案領域（DP領域）：$DP_1, DP_2, \ldots, DP_n$ ⇔ NE_k（負の作用）／設計レベルの矛盾

開発の上流段階：システムの働きや各要素に要求される機能を考える場合が多く，そこでは機能的な特性に関する課題を想定することが考えられる

→「新矛盾マトリックス1（機能）」の活用

設計段階：例えば重さ・長さ・速度・力・温度などといった，具体的な実現手段（DP）に関する課題が主となる

→「新矛盾マトリックス2（設計）」の活用

3.1 新矛盾マトリックスの特徴

すなわち「新矛盾マトリックス1(機能)」と「新矛盾マトリックス2(設計)」の活用を提唱する．つまり，3段階別の要求特性に応じて2つのタイプの「新矛盾マトリックス」を使い分けるということである．要求特性の3段階と2つのタイプの「新矛盾マトリックス」の関係を，**図3.8**に示す．

3.4節で述べるように「新矛盾マトリックス1(機能)」は13個の機能パラメータから構成され，主に要求機能領域で活用される．また上流段階のVOC領域でも，ある程度，近未来に発生する可能性の高い技術矛盾を予測できる場合には，この段階で活用することも可能である．

一方，3.6節で述べるように「新矛盾マトリックス2(設計)」は11個の設計パラメータから構成され，設計案領域で活用される．ある程度基本構想案が確定した段階か，既存製品の改善案検討等で活用することが望ましい．

次に，図3.8の概念図をもとに，洗濯作業における製品開発の課題の変遷を

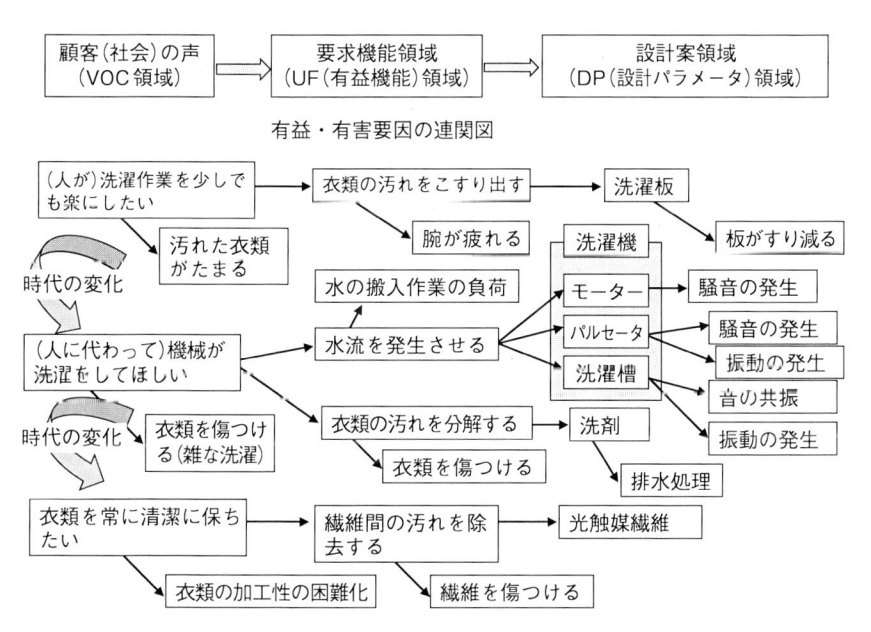

図3.9 製品開発プロセスの3段階に対応した洗濯作業の課題の変遷

事例として図3.9に示す．図3.9は3段階別の要求特性に応じて，様々な技術的矛盾が想定されることを示している．これを見ればわかるように，洗濯作業一つをとってみても，実は様々な技術的矛盾が想定され，それらに対処する過程で，洗濯機が誕生し，さらに進化してきたことがわかる．

さらにこの図から，様々な技術的矛盾も大枠は3段階レベルに分類され，2つのタイプの「新矛盾マトリックス」が課題の設定・解決の視点に対応していることがわかる．

3.2 2つのタイプの新矛盾マトリックスと統合発明原理の提唱

(1) 2つのタイプの新矛盾マトリックス開発の背景

日本にTRIZが紹介された当初(1997〜2000年前後)は，「発明的問題解決理論」といった訳語が多く用いられ，「超発明術」[7]といった表現でTRIZを紹介するケースも見受けられた．このような背景と，TRIZ自体が目指す課題解決の革新度を表3.1に示す5段階[11]に対応させると，レベル3〜4(一部レベル5までとの意見もある)を標榜しているため，TRIZは，現場の改善活動で

表3.1 解決案の革新度の5つのレベル

革新度のレベル	内容
〈レベル5〉発見	新しい科学の原理・法則の発見など
〈レベル4〉新概念の構築	技術システムの新世代のコンセプト，主要機能を実現する従来の技術原理と異なる原理に変更する
〈レベル3〉技術システムの革新	技術システムの本質的な革新であり，他の分野の原理・法則の活用による矛盾の解消など
〈レベル2〉マイナーな革新	技術システムに対する改善で，同じ産業内の原理・法則の活用による矛盾の解消
〈レベル1〉明確な解決策	確立された解決案 その道の専門家の固有知識で検討できる

活用する手法ではなく，トップダウンで行うイノベーション活動に役立つ手法という認識が主流になってきた面がある．

例えば，レベル4に対応すると思われる最近の具体例としては，「内燃系のガソリン自動車からEV（電気自動車）へのシフト」が，レベル3の事例では，最近注目されている「蒸気レス炊飯器」[12]などが挙げられる．

TRIZがこのようなレベルを担っている手法だとすると，確かに企業トップの明確な方針なしにTRIZを活用する企業の諸活動の推進は困難であり，またボトムアップ活動だけでは上述レベルの製品の実現化は無理である．この点が，QCサークル活動のような全員参加による改善手法とは決定的に違う側面である．

一方で，第2章2.3節の(2)項で述べたように，日本のTRIZシンポジウムや海外のTRIZ国際会議に参加し，研究・事例発表した企業の分析結果では，日本ではTRIZをミドルアップ式に導入する企業が多く，海外（主にSamsungをはじめとした韓国系企業）では，逆にトップダウン的にTRIZを導入する大企業が目立っている．このような背景を考慮すると，日本企業も今後は，TRIZをトップダウン方式で活用する可能性も検討しながら，一方では，TRIZ自体を日本の風土に合わせてミドルアップ方式に適した手法に洗練化するという，TRIZ活用の2つの方向性を同時に考えるべきであろう．

特に前者の可能性を志向する場合は，主に次世代製品の企画・開発にTRIZを活用するようなケースであり，具体的にはTRIZの技術進化の法則等を活用したシステマティック・イノベーション[13]の実践ということになる．本書では，今回このテーマを直接は扱わないが，最後の第6章で触れる．

一方，後者の方は，まさに日本の風土に合わせて，ミドルアップでTRIZを容易に活用できるように，あえて革新度のレベル2も含めてレベル3までを想定した課題解決法として，TRIZ手法を洗練化しようという発想である．本書で提唱する2つのタイプの「新矛盾マトリックス」が，まさにこのタイプの手法ということになる．ただし，このケースの場合でも，QCサークル活動のようなボトムアップ的活動というよりも，R&D，製品設計，生産技術，製造部

門等の中堅社員が中心メンバーとなってプロジェクト的に活動することを主に想定しているので，彼らが「新矛盾マトリックス」を活用することが望ましい．

(2) TRIZの全体像と2つのタイプの新矛盾マトリックスの関係

TRIZは単独の一手法から成立しているわけではなく，また，QCストーリーのような極めてわかりやすい活動手順も特に準備されているわけではない．

第2章2.2節でも述べているように，TRIZの開発者であるG.アルトシュラーが1946～1985年にかけて開発した「一連の代表的なTRIZ手法」(クラシカルTRIZと呼称)に限っても，**図3.10**に示すように，かなり多種多様な手法から構成されている．したがって，TRIZの活用・定着化を進めるためには，

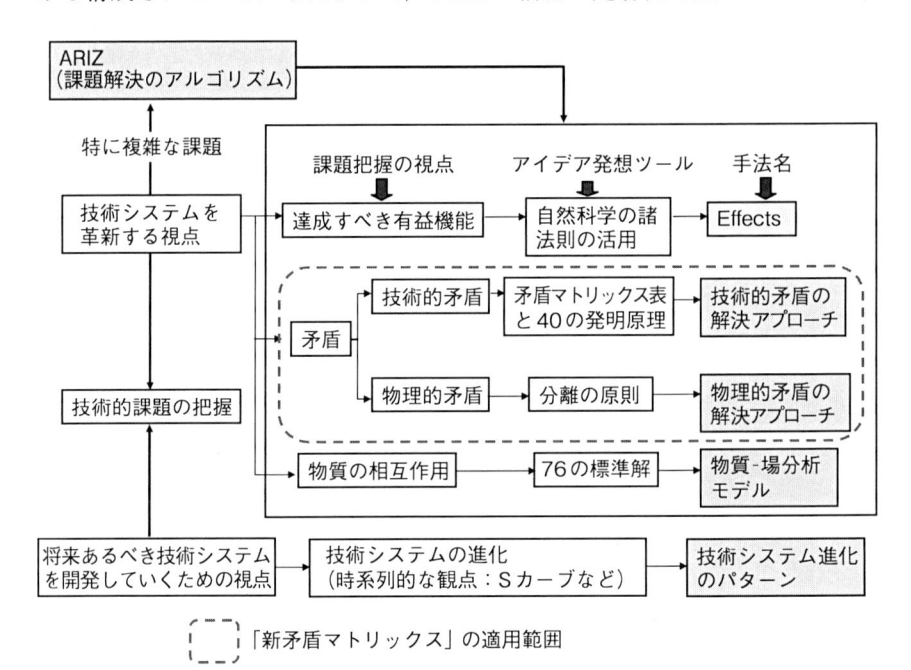

図3.10 主なTRIZ手法の全体像

3.2 2つのタイプの新矛盾マトリックスと統合発明原理の提唱 45

この複雑で活用しにくい印象のある TRIZ を,簡便で,使いやすい手法へ洗練化することも重要な課題になってくる.

特に,プロジェクト活動などミドルアップ的アプローチで TRIZ を活用する場面では,手法としての使い勝手とその効果性のバランスが求められるので,このような要求に応えられるように洗練化しなければならない.このような背景から,筆者らは多種多様な TRIZ 手法の中で,「比較的活用頻度の高い矛盾解決アプローチ」[14](技術矛盾と物理矛盾の両解決アプローチ)に焦点を絞り,2つのタイプの「新矛盾マトリックス」を開発するに至ったのである(図3.11).

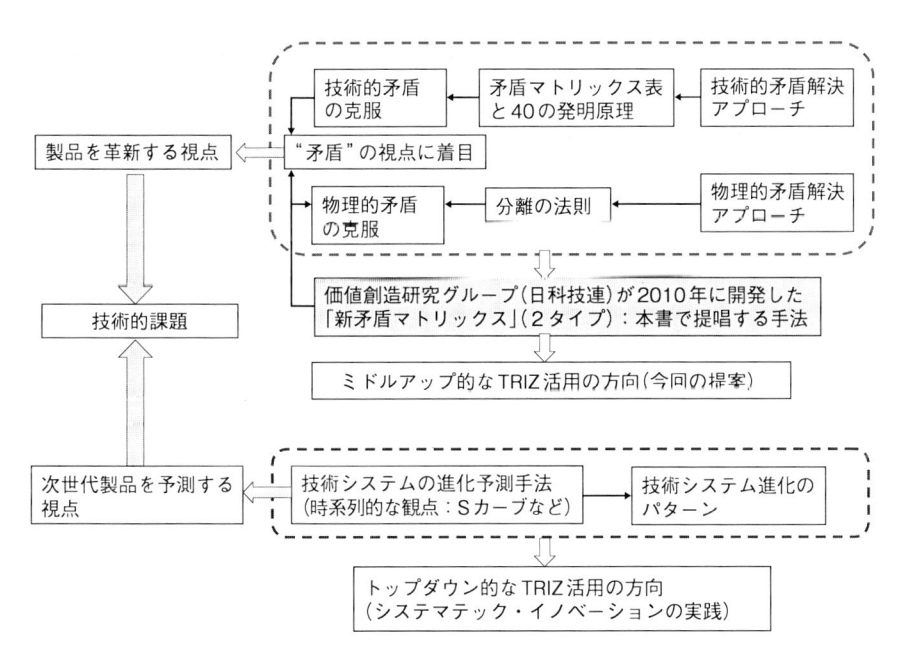

図3.11 2つのタイプの「新矛盾マトリックス」の位置づけ

(3) 従来の矛盾マトリックスと2つのタイプの新矛盾マトリックス

2つのタイプの「新矛盾マトリックス」に関しては，次節以降で詳細な説明をするが，本項では提案手法のプロトタイプ(原型)であるTRIZのオリジナル版「矛盾マトリックス」(1971年版)と，2003年にD.マンなどによって改善された「Matrix 2003」[15]の主な特徴を比較・整理したうえで，「新矛盾マトリッ

表3.2 従来の「矛盾マトリックス」の特徴比較

	オリジナル版「矛盾マトリックス」(1971年版)	「Matrix 2003」
マトリックスの基本的な活用方法	具体的な技術矛盾を，矛盾マトリックス上の「良化したいパラメータ＝行側」と，その結果「悪化するパラメータ＝列側」で定義し，その行と列の交点(セル)を限定し，セル内に配置された発明原理を抽出する	オリジナル版「矛盾マトリックス」と基本的に同じ活用方法である ただし，「良化したいパラメータ⇒大分類⇒個別パラメータ」と「悪化するパラメータ⇒大分類⇒個別パラメータ」の"2段階式の対応"になっている
パラメータについて	「良化したいパラメータ(行側)」と「悪化するパラメータ(列側)」は「39個のパラメータ」に集約されている	「良化したいパラメータ(行側)」と「悪化するパラメータ(列側)」は6分類と48個のパラメータの"2段階式に集約"されている
発明原理	各マトリックスの各セルに配置されているのは「40の発明原理」である	マトリックスの各セルに配置されているのは「40の発明原理」である
「矛盾マトリックス」の特徴	39×39のマトリックスの各セル(a_{ij})の空欄箇所が234個あり，セルの有効率は約84.2%である	48×48の対角線上を除く各セル(b_{ij})の空欄箇所はゼロであり，セルの有効率は100%である
	各セルに配置されている発明原理が1～4個配置されている	各セルに配置されている発明原理が4～5個に均一化されておりムラがない
	対角線上のセル(a_{ii})は矛盾が生じないので該当する発明原理はなく，空欄である	対角線上の各セル(b_{ii})は空欄である

3.2 2つのタイプの新矛盾マトリックスと統合発明原理の提唱 47

クス」の基本的な特徴(有効な要素)について整理する.

表3.2に従来の2つの「矛盾マトリックス」の特徴を簡潔に整理した.この比較表から明らかなように,オリジナル版「矛盾マトリックス」に比べて,「Matrix 2003」の方が使い勝手やその効果性の期待度が向上したものになっている.まず使い勝手の向上であるが,技術矛盾を定義するうえで,オリジナル版「矛盾マトリックス」では39個のパラメータだったが,時代の変遷に合わせて,表3.3のように48個のパラメータでの技術的矛盾の定義が可能になり,技術的矛盾の守備範囲が広がったことが大きな理由である.

また,オリジナル版「矛盾マトリックス」では理論的に矛盾パターン数の合計が $_{39}P_2 = 39 \times 38 = 1482$ パターンに集約されるが,全ての矛盾パターンの

表3.3 「Matrix 2003」の48のパラメータ

【物理的パラメータ】	19. 応力/圧力	35. 信頼性/ロバスト性
1. 動く物体の質量	20. 強度	36. 修理可能性
2. 静止物体の質量	21. (物体の構成の)安定性	37. セキュリティー
3. 動く物体の長さ	22. 温度	38. 安全性/脆弱性
4. 静止物体の長さ	23. 照明強度	39. 美しさ/見かけ
5. 動く物体の面積		40. システムに働くその他の有害効果
6. 静止物体の面積	【効率に関するパラメータ】	
7. 動く物体の体積	24. 機能の効率	
8. 静止物体の体積	25. 物質の損失	【製造/コストに関するパラメータ】
9. 形状	26. 時間の損失	
10. 物質の量	27. エネルギーの損失	41. 順応性
11. 情報の量	28. 情報の損失	42. 製造精度/一貫性
	29. 雑音(ノイズ)	43. 自動化
【性能に関するパラメータ】	30. 有害なものの放出	44. 生産性
12. 動く物体の動作時間	31. システムが作り出すその他の有害効果	45. システムの複雑さ
13. 静止物体の動作時間		46. 制御の複雑さ
14. 速度(スピード)		
15. 力(トルク)	【~性に関するパラメータ】	【測定に関するパラメータ】
16. 動く物体の使用エネルギー	32. 適応性/汎用性	47. 検出/測定の能力
17. 静止物体の使用エネルギー	33. 両立性/持続性	48. 測定の精度
18. パワー	34. 操作の容易性	

セルに発明原理が配置されているわけではなく，234セルが空欄になっている．つまり，セルの有効性が約84.2%であるのに対して，「Matrix 2003」では，矛盾パターン $_{48}P_2 = 48 \times 47 = 2256$ パターンの中，全てに4〜5個の発明原理が配置され，セルの有効率は100%になっている．このことから，各々の発明原理から効果的にアイデアを発想する確率は格段に高まっていることは明らかであり，効果性の期待度も向上しているといえるだろう．

では，本書で提唱する2つのタイプの「新矛盾マトリックス」(「新矛盾マトリックス1(機能)」，「新矛盾マトリックス2(設計)」)の有効性について，表3.2の観点から整理したものを，表3.4に示す．

まず，2つのタイプの「新矛盾マトリックス」の最大の特徴は，オリジナル版「矛盾マトリックス」の39個のパラメータを，開発の上流段階で役立つ13個の機能パラメータと，開発設計が進んだ段階で役立つ11個の設計パラメータに整理・統合した点である．つまり，実際の開発思考プロセスを想定し，パラメータの選択・当てはめがより容易になるように，実務面での信頼性を向上させた点が第1の特徴といえる．

さらに，前述した従来の2つの「矛盾マトリックス」は，40の発明原理自体は変更なしとしているが，2つのタイプの「新矛盾マトリックス」では，類似する発明原理(お互い従属性があると考えられる発明原理)を集約し，「25の統合発明原理」として統合している点が第2の特徴である．この結果，類似する発明原理を重複してチェックする冗長性が改善されているので，やはり使い勝手の向上が期待できる．また，13個の機能パラメータに対応した「新矛盾マトリックス1(機能)」と11個の設計パラメータに対応した「新矛盾マトリックス2(設計)」ともに，各セルに発明原理が全て配置できており，いずれもセルの有効率は100%である．

さらに，2つのタイプの「新矛盾マトリックス」では，いずれも対角線上には物理的矛盾が対応すると想定し，対角線上の各セルには物理的矛盾の解決原理として，「4つの分離の法則」(詳細は3.4節で説明)を対応づけている．つまり，2つのタイプの「新矛盾マトリックス」は，技術的矛盾だけでなく，物理

表 3.4 2つのタイプの「新矛盾マトリックス」の特徴比較

	2つのタイプの「新矛盾マトリックス」	
マトリックスの基本的な活用方法	「新矛盾マトリックス1(機能)」(13個の機能パラメータ)	「新矛盾マトリックス2(設計)」(11個の設計パラメータ)
	"機能的な特性"に関わる技術矛盾を,マトリックス上の「良化するパラメータ=行側」と,その結果「悪化するパラメータ=列側」で定義し,その行と列の交点(セル)を特定し,セル内に配置されている発明原理を抽出する	"具体的な設計"に関わる技術矛盾を,マトリックス上の「良化するパラメータ=行側」と,その結果「悪化するパラメータ=列側」で定義し,その行と列の交点(セル)を限定し,セル内に配置されている発明原理を抽出する
パラメータについて	「良化するパラメータ(行側)」と「悪化するパラメータ(列側)」は「5分類⇒機能的な特性13パラメータ」に"2段階に集約"されている	「良化するパラメータ(行側)」と「悪化するパラメータ(列側)」は「形状・設計パラメータ11」に集約されている
発明原理	マトリックス上の各セルに配置されているのは,「40の発明原理」の中で類似する発明原理を集約した「25の統合発明原理」である	
「矛盾マトリックス」の特徴	13×13の各セル(c_{ij})の空欄箇所がゼロであり,<u>セルの有効率は100%</u>である	11×11の各セル(d_{ij})の空欄箇所がゼロであり,<u>セルの有効率は100%</u>である
	各セルに配置されている発明原理は1〜14個	各セルに配置されている発明原理は2〜8個
	対角線上のセル(c_{ii})には物理矛盾に対応する分離の法則が配置されている	対角線上のセル(d_{ii})には物理矛盾に対応する分離の法則が配置されている

的矛盾にも対応できるように配慮されており,全てのセルを有効にしている.

以上のように,2つのタイプの「新矛盾マトリックス」は,製品開発の状況に合わせて柔軟に活用できることが最大の特徴である.

なお,2つのタイプの「新矛盾マトリックス」のより具体的な応用と効果については,第5章の事例の中で紹介する.

3.3 25個の統合発明原理とその解説

　ある課題のある特性を何とか良化しようとすると，別の特性が悪化してしまうことがある．その際，身動きができなくなって解決をあきらめてしまったり，あるいは改善の程度をそこそこに押さえて，悪化してしまう程度をあまり大きくならないように配慮した妥協の方法を取ってしまっては，本当の解決は得られない．

　このような「あちらを立てればこちらが立たない」といった場合には，G.アルトシュラー版「矛盾マトリックス」を用いることで解決できる．自分の抱えている課題に対して改善する特性と，その際に悪化する特性を考えて，それぞれを「矛盾マトリックス」に当てはめれば，表の交点から発明原理の番号が得られる．G.アルトシュラーの開発した発明原理[7]は40個から成っているが，これらの内容を全て理解し，使いこなすことを初心者に求めるのは困難であることが多い．最初に手掛ける際には，経験豊富なベテランの手助けが必要となってしまう．

　このように活用が容易でない原因は，この40の発明原理が分類されていないので，自分の課題に適用する際に，どのような発明原理を使うことが正しいのかどうかの確信が持てないということにある．さらに40個の発明原理同士の中で類似の内容のものがあり，どのような場合にどちらを使ったらよいのかがわかりにくい．さらに使いこなすには多くの事例を実際に経験するのが一番であるが，それには多くの時間が必要となる．

　このような状況を考慮し，筆者らは類似の発明原理をまとめて分類し，40個の発明原理を整理・統合し，25個の「統合発明原理」とした（**表3.5**）．

　まず，G.アルトシュラーの発明原理を次の6つに大きく分類した．

- 分割／分離や組合せ結合の方法
- 形状の変更
- 視点や思考の変更
- 材料の変更

- エネルギーの与え方の変更
- 状態や特性の変更

次に，この6分類の中で，さらに類似の概念の発明原理を以下の考え方で整理・統合した．

「分割/分離や組合せ結合の方法」には，G. アルトシュラーの発明原理の「1. 分割原理」と「2. 分離原理」を含めた（「分割/分離原理」）．分割と分離は厳密に定義すれば別のものになるが，実際に活用する場合には"分ける"という概念で捉えて解決策を考えればよいのである．また，「6. 汎用性原理」，「26. 代替原理」，「28. 機械的システム代替原理」，「29. 流体利用原理」の4つは"別のモノ/方法に置き換える"という概念で捉えて，まとめて「代用/置換原理」とした．

次に「視点や思考の変更」という分類の中では，「9. 先取り反作用原理」，「10. 先取り作用原理」，「11. 事前保護原理」の3つは"予め動作させる，事前に手を打っておく"という概念で捉え，まとめて「未然防止原理」とした．

「材料の変更」という分類の中では，「3. 局所性質原理」と「32. 変色利用原理」は"不均一な構造にする．部分を強調させる"という概念で捉え，まとめて「局所性質原理」とした．

「エネルギーの与え方の変更」という分類の中では，「8. つりあい原理」と「12. 等ポテンシャル原理」は"他の物体とつりあいをとらせる"という概念で捉え，まとめて「つりあい原理」とした．また，「15. ダイナミック性原理」と「18. 機械的振動原理」と「19. 周期的作用原理」の3つは"物体を振動させる"という概念で捉え，まとめて「振動原理」とした．さらに，「20. 連続性原理」と「21. 高速実行原理」は"連続で動かす．有害な動作は速く動かす"という概念で捉え，まとめて「連続作用原理」とした．

「状態や特性の変更」という分類の中では，「35. パラメータ変更原理」，「36. 相変化原理」，「37. 熱膨張原理」の3つは"物体の物理状態・特性を変える"という概念で捉え，まとめて「特性変更原理」とした．また，「24. 仲介原理」，「38. 高濃度酸素利用原理」，「39. 不活性雰囲気利用原理」の3つは"中間に別

表 3.5　25 個の

分類		統合発明原理	統合発明原理の意味
分割／分離や組合せ結合の方法	1	分割／分離原理	分ける
	2	組み合わせ原理	組み合わせる
	3	入れ子原理	中に入れる／入れられるようにする
	4	代用／置換原理	別のモノ／方法に置き換える
形状の変更	5	非対称原理	対称型のものを非対称にする
	6	曲面原理	直線や平面を曲線や曲面にする
	7	他次元移行原理	直線的な動きを2，3次元的にする 単層を多層にしたり，横向きにする
視点や思考の変更	8	未然防止原理	予め動作させる 事前に手を打っておく
	9	逆発想原理	逆の動作をさせる
	10	非精密原理	完全でなくても適度な動作にする
	11	フィードバック原理	フィードバックを利用する
	12	セルフサービス原理	物体自体にセルフサービスを行わせる
	13	低コスト原理	長持ちする高価なものを，安価なものに置き換える
	14	弊害活用原理	有益な効果を得るために有害なものを用いる 有害作用に別の有害作用を用いて相殺する
	15	排除／再生原理	機能を終えた物体の部分を廃棄する 動作中に消耗部分を直接復元させる
材料の変更	16	局所性質原理	不均一な構造にする部分を強調させる
	17	多孔質利用原理	物体を多孔質にする 細孔の中に有用な物質や機能を入れておく
	18	複合材料原理	均質な材料を複合材料に置き換える
	19	薄膜利用原理	薄膜や殻を用いる
	20	均質性原理	同じ材料／同じ特性をもつ物体と相互作用させる
エネルギーの与え方の変更	21	つりあい原理	他の物体とつりあいをとらせる
	22	振動原理	物体を振動させる
	23	連続作用原理	連続／高速で動かす
状態や特性の変更	24	特性変更原理	物体の物理状態・特性を変える
	25	仲介原理	中間に別のものや別のプロセスを加える／置き換える

「統合発明原理」

G. アルトシュラーの発明原理	
1. 分割原理	2. 分離原理
5. 組み合わせ原理	
7. 入れ子原理	
6. 汎用性原理	28. 機械的システム代替原理
26. 代替原理	29. 流体利用原理
4. 非対称原理	
14. 曲面原理	
17. 他次元移行原理	
9. 先取り反作用原理	11. 事前保護原理
10. 先取り作用原理	
13. 逆発想原理	
16. アバウト原理	
23. フィードバック原理	
25. セルフサービス原理	
27.「高価な長寿命より安価な短寿命」の原理	
22.「災い転じて福となす」の原理	
34. 排除／再生原理	
3. 局所性質原理	32. 変色利用原理
31. 多孔質利用原理	
40. 複合材料原理	
30. 薄膜利用原理	
33. 均質性原理	
8. つりあい原理	12. 等ポテンシャル原理
15. ダイナミック性原理	19. 周期的作用原理
18. 機械的振動原理	
20. 連続性原理	21. 高速実行原理
35. パラメータ変更原理	37. 熱膨張原理
36. 相変化原理	
24. 仲介原理	39. 不活性雰囲気利用原理
38. 高濃度酸素利用原理	

のものや別のプロセスを加える／置き換える"という概念で捉え，まとめて「仲介原理」とした．

なお，G. アルトシュラーの発明原理を変更しない場合は各分類の中に位置づけ，その呼称が実用になじまない場合には新しい呼称に改変した．

このように，類似の発明原理を整理・統合することによって，細かな違いを意識せずにすむようになり，違和感がより少なくなって初心者にも発明原理を考えやすくなった．

25の「統合発明原理」を用いる際に，例えば「1. 分割／分離」は"分ける"という概念で考えればよいが，"分ける"というだけでは概念が広すぎて，実際の解決策を得るには困難な場合がある．その時には**表3.6**の「統合発明原理」の右側に示した，より詳細に表現した「サブ原理」を参考にして考えればよい．

表3.6　25の「統合発明原理」及びサブ原理

統合発明原理	サブ原理
1. 分割／分離原理	①1つの物体を個々の部分に分割する ②物体を容易に分解／分割できるようにする ③物体の分解や分裂の度合いを高める(最小の部分単位に分割する) ④物体の有害な部分を分離または除去する ⑤物体の有用な部分のみを抽出(選抜)する
2. 組み合わせ原理	①物体を組み合わせる 　—均質な(同一 or 類似の)物体をまとめる or 組み合わせる ②動作を組み合わせる．動作(作業)を隣接または並列で行うようにする or 同一時間内に動作をまとめる
3. 入れ子原理	①物体を別の物体の中に入れる 　—その物体もまた他の物体の中に入れる ②ある物体が他の物体の中を通過(移動)する 　—通過(移動)できるようにする or 通過(移動)しやすくする

表3.6 つづき

統合発明原理	サブ原理
4. 代用／置換原理	①物体or部品に複数の機能を持たせることで，他の物体（部品）を持つ必要性を取り除く ②複雑で，高価で，壊れ易いor操作しにくい物質の代わりに，単純で安価なコピーを使用する ③物体あるいはプロセスを，その光学的にコピーしたものに置き換える ④目に見える光学コピー（可視光によるコピー）が既に利用されている場合は，それを赤外線あるいは紫外線のコピーに置き換える ⑤機械的な方式を，光学的，音響的，味覚的，嗅覚的な方式に置き換える ⑥物体と相互作用させるために，電界，磁界，電磁界を利用する ⑦固定された「場」を，動く「場」に変更する．あるいは構造化されていない「場」から，構造化された「場」に変更する ⑧強磁性粒子のように「場」によって活性化される粒子と，「場」を組み合わせる ⑨膨張，液体充填，エアークッション，静水圧，流体反応などを利用して，物体の固体部分を気体または液体に置き換える
5. 非対称原理	①対称的な物体の形（形式）を非対称形（形式）に変更する ②物体が既に非対称になっている場合には，その非対称の程度を更に高める
6. 曲面原理	①直線状の形の部品・表面の代わりに，曲線状のものを用いる． ——平坦な表面を平坦でなくしたり，立方体状の物体・部品を球状のものに置き換える ②ローラー，球，螺旋，ドームを使用する ③直線的な動作を回転動作に変える ——遠心力を利用する
7. 他次元移行原理	①物体を直線的に動かす際の問題で，物体を2次元or3次元空間内で移動させる ②物体を単層の代わりに，多層に配列する ③物体を，「傾ける」，「向きを変える」，「横向きに置く」ようにする ④指定された領域の反対側を利用する ——画像を隣接する部分or反対側に投影する

表3.6　つづき

統合発明原理	サブ原理
8. 未然防止原理	①有用な効果と同時に有害な働きを伴う作用を実行する際に，事前に有害な働きを押さえるようにしておく ②後で発生する好ましくない動作応力がある場合には，物体中にあらかじめ応力をかけておき相殺させるようにしておく ③必要なことの一部あるいは全てを事前に行っておく ④動作の遂行に無駄な時間を要しないように，最も都合の良いところから動作できるように物体を予め準備する ⑤あらかじめ，保護的，修復的な手段を事前に用意しておくことで，物体の比較的低い信頼性を補う
9. 逆発想原理	①問題の仕様によって指示されている作用の代わりに逆の作用を行う ②物体の動く部分や外部環境を固定したり，固定部分を動くようにする ③物体の上下左右などの位置や，プロセスや順序などを逆さまにする
10. 非精密原理	①望ましい作用を100％得ることが困難な場合，同じ解決法で効果の程度を「いくらか小さく」あるいは「もう少し大きく」する（動作の適度な調節）
11. フィードバック原理	①前の状態を参照したりクロスチェックするなどのフィードバックを導入する ②フィードバックを既に利用している場合には，その程度や影響度を変更する．あるいはそれを逆転する
12. セルフサービス原理	①物体自体がセルフサービスを行うように，補助的な機能を付加する ②廃棄させる資源／物質／エネルギーを利用する
13. 低コスト原理	①寿命などのある特性を犠牲にして，高価な物体を多数の安価な物体に置き換える
14. 弊害活用原理	①有益な効果を得るために，有害要因特に環境や周囲の有害な要素や作用を活用する ②有害作用に別の有害作用を追加して相殺させる ③それが有害でなくなるまで，有害要因を増大させる

表3.6 つづき

統合発明原理	サブ原理
15. 排除／再生原理	①その機能を完了した物体の部分を，分解・溶融・蒸発などにより廃棄・排出する．または動作中にその部分を修正・変更する ②動作中に物体の消耗部分を直接復元させる
16. 局所性質原理	①物体の均質な構造を不均質な構造に変える，不均質な構造を用いる．あるいは均質な外部環境(外部作用)の影響を不均質なものに移行する ②物体 and/or 周辺の色を変える ③物体 and/or 周辺の透明度を変える ④物体が見えにくい場合や工程の観察を容易にするために着色材を使用する
17. 多孔質利用原理	①物体を多孔質にする．あるいは多孔質の要素を追加・挿入・コーティングする ②物体が既に多孔質の場合には，細孔の中に有用な物質や機能を入れておく
18. 複合材料原理	①均質な材料を複合材料に置き換える
19. 薄膜利用原理	①(3次元構造の代わりに)薄膜や柔軟な殻を用いる ②薄膜や柔軟な殻を用いて，物体を外部環境から分離する
20. 均質性原理	①物体を，同じ材料または同じ特性を有する材料の物体と相互作用させる
21. つりあい原理	①他の物体と組み合わせることで，物体の重量を軽減する 　—他の物体と組み合わせ釣り合いを取って，物体の働く力が偏らないようにする ②空気の力，流体の力，浮力等を利用するなど，環境との相互作用により物体の重量を軽減する(媒体の利用) ③作業の条件(状態)を変更することで，物体を上げたり下げたりする必要性をなくす

表3.6 つづき

統合発明原理	サブ原理
22.振動原理	①作業のそれぞれの段階で最適になるように,物体の特性・外部環境・プロセスを変更する ②お互いに相対的に運動できるように,物体を部分(要素)に分割する ③物体 or プロセスが動かない場合あるいは不変である場合,それを動くようにするか適応性を高めてやる ④物体を振動させる ⑤振動が既に行われている場合には,その振動数を大きくする.さらにその振動数を超音波になる程度まで増大させる ⑥物体の共振周波数を利用する ⑦機械的な振動の代わりに,圧電振動を利用する ⑧超音波振動と電磁界振動とを組み合わせて使用する ⑨連続的な動作の代わりに,周期的な動作 or パルス的な動作を利用する ⑩動作が既に周期的である場合には,周期の程度や頻度を変更する ⑪連続的な動作の間に一時停止を入れる.or 一時停止を利用して別の動作を遂行する
23.連続作用原理	①同じ動作を休まずに連続させる.物体の全ての部分が常にその最大負荷で動作するようにする ②遊休状態 or 断絶的な動作をなくす ③有害あるいは危険な作業やそのプロセスを,非常に早い速度で実行するようにする
24.特性変更原理	①物体の物理的な状態(気体,液体,固体)を変更する(異なる相の利用) ②物体の濃度や均一性を変更する ③柔軟性の程度を変更する ④温度を変更する ⑤体積の変化,熱の吸収や損失,遊離など,物質の相転移中に発生する現象を利用する ⑥材料の熱による膨張や収縮を利用する ⑦熱膨張を既に利用している場合には,異なる熱膨張係数をもつ様々な材料を使用する

表3.6 つづき

統合発明原理	サブ原理
25.仲介原理	①動作を移転あるいは実行するために，媒介（キャリア）物質あるいは中間プロセスを使う ②物体を，簡単に除去できる別の物体と一時的に組み合わせる ③通常の空気を，高濃度の酸素を含んだ空気に置き換える ④高濃度の酸素を含んだ空気を，純粋酸素に置き換える ⑤空気や酸素に電離放射線を照射する ⑥オゾン化酸素を利用する ⑦オゾン化酸素またはイオン化酸素をオゾンと置き替える ⑧通常の環境を不活性な環境に置き換える（真空状態も含む） ⑨不活性な部品や添加物を物体に加える

3.4 13個の機能パラメータ

　G.アルトシュラーは39個のパラメータ[7]を用意したが，技術者各自が抱えている矛盾問題を扱う時の最大の悩みは，改善しようとするパラメータと悪化するパラメータを39個の中からいかに適切に選定するか，ということである．この点では，課題解決の初心者はもちろん，TRIZの経験の多い方でも悩むことがある．

　一般に開発の上流段階では，システムの働きや各要素に要求される機能を考える場合が多く，そこでは機能的な特性に関する課題を想定することが考えられる．また，開発設計が進んだ段階では，例えば，重さ，長さ，速度，力，温度といった具体的な実現手段，つまり設計に関する課題（後述の3.6節参照）が中心になる．このように，開発の進展プロセスを機能的な特性を考えるステップと具体的な設計を考えるステップとに分けることにより，パラメータの選択が容易になる．

　G.アルトシュラー版「矛盾マトリックス」の39個のパラメータのうち，開発の上流段階，すなわちシステムの働きや各要素に要求される機能的な特性を，以下の5つの分類にまとめ，その中に実際の機能的な特性を集めて階層化

(構造化)し,「機能パラメータ」として,13個に整理・統合した.
- 信頼性／精度
- 有害性
- 操作性／耐久性
- 製造性
- 量／損失

これらの「機能パラメータ」も前節の「統合発明原理」と同様に類似のパラメータを整理・統合している.このように,開発の思考過程に合わせて考えやすくすると同時に,類似のパラメータを整理・統合することでパラメータの選択をさらに容易にすることができる.

G. アルトシュラーのパラメータをこれら5つの分類及びその中に含まれる「機能パラメータ」として整理・統合すると,表3.7になる.参考までに,これらの「機能パラメータ」に対応するG. アルトシュラーのパラメータも表の中に示した.以下に「機能パラメータ」を解説する.

分類「信頼性／精度」に含まれるパラメータには,「F1 信頼性」と「F2 精度」が含まれる.「F1 信頼性」は文字通りのシステムや材料の信頼性をいう.

G. アルトシュラーの39個のパラメータのうち,「28. 測定精度」と「29. 製造精度」はまとめて「F2 精度」とした.ここでは精度という概念だけで考えればよく,その使用段階の細部にこだわらないためである.

分類「有害性／安全性」に含まれるパラメータは,「F3 有害性／安全性」だけである.ここでは「30. 物質が受ける有害要因」と「31. 悪い副作用」はまとめて「F3 有害性／安全性」とした.ここには有害性や安全性以外に公害要因という概念を含む.

分類「操作性／耐久性」に含まれるパラメータには,「F4 操作の容易性」,「F5 制御の複雑性」,「F6 保守／修理の容易性」,「F7 適応性・融通性」,「F8 耐久性」が含まれる.「33. 操作の容易性」と「38. 自動化のレベル」も統合し,「F4 操作の容易性」とした.ここには操作のしやすさという概念を全て含んでいる.「F5 制御の複雑性」は制御工程の複雑さを扱う場合に使用する.

3.4 13個の機能パラメータ

表3.7 13個の「機能パラメータ」

分類	番号	機能パラメータ	〈参考〉G. アルトシュラーのパラメータ
信頼性／精度	F1	信頼性	27. 信頼性
	F2	精度	28. 測定精度
			29. 製造精度
有害性／安全性	F3	有害性／安全性	30. 物質が受ける有害要因
			31. 悪い副作用
操作性／耐久性	F4	操作の容易性	33. 操作の容易性
			38. 自動化のレベル
	F5	制御の複雑性	37. 制御の複雑性
	F6	保守／修理の容易性	34. 保守の容易さ
			36. 装置の複雑さ
	F7	適応性・融通性	35. 順応性
	F8	耐久性	13. 物体の安定性
			15. 動く物体の耐久性
			16. 不動物体の耐久性
製造性	F9	製造の容易性，生産性	32. 製造の容易性
			39. 生産性
量／損失	F10	物質の量／損失	26. 物質の量
			23. 物質の損失
	F11	情報の量／損失	24. 情報の損失
	F12	時間の量／損失	25. 時間の損失
	F13	エネルギーの量／損失	19. 動く物体が使うエネルギー
			20. 不動物体が使うエネルギー
			21. 動力
			22. エネルギーの損失

「34. 保守の容易さ」と「36. 装置の複雑さ」など，保守修理の容易さに関することはまとめて「F6 保守／修理の容易性」とした.「F7 適応性／融通性」

は，周囲・環境や隣接物との適応性及び変化に対して機能することや運用の柔軟性を扱う場合に使用する．「15. 動く物体の耐久性」と「16. 不動物体の耐久性」及び「13. 物体の安定性」はまとめて「F8 耐久性」とした．対象とするものが動いているのか動かないものなのかは問わずに考えられるようにするためである．

分類「製造性」に含まれるパラメータは，「F9 製造の容易性／生産性」だけである．ここでは製造しやすさという概念をまとめて「32. 製造の容易性」と「39. 生産性」の2つを「F9 製造の容易性／生産性」とした．

分類「量／損失」に含まれるパラメータには「F10 物質の量／損失」，「F11 情報の量／損失」，「F12 時間の量／損失」及び「F13 エネルギーの量／損失」の4つが含まれる．「26. 物質の量」と「23. 物質の損失」はまとめて「F10 物質の量／損失」とした．「F11 情報の量／損失」，「F12 時間の量／損失」も同様に，それぞれ物質，情報，時間についての量や多さ，またはそのロス／浪費に関するパラメータとして使用する．損失も量に関わる概念としてまとめた方がわかりやすいからである．

「F13 エネルギーの量／損失」も，「19. 動く物体が使うエネルギー」と「20. 不動物体が使うエネルギー」と「21. 動力（エネルギー活用の割合）」及び「22. エネルギーの損失」は，その物体が動くものか動かないのかに関わらず一緒に扱った方がわかりやすく，エネルギーの量及び損失に関することなので一つにまとめた．

「機能パラメータ」の内容を，表3.8に示す．これらを参考にして各自の矛盾問題に対して，改善するパラメータ及びその際に悪化するパラメータを選択する．

3.5　新矛盾マトリックス1（機能）

開発の思考過程に合わせた活用段階に対応できるようにG. アルトシュラー版「矛盾マトリックス」[7]の39個のパラメータを3.4節で述べた13個の「機

表3.8 13個の「機能パラメータ」の内容

機能パラメータ	内　　容
F1 信頼性	・意図した機能を意図した処理で実行できる能力 ・操作のばらつきの少なさの程度 ・誤操作の少なさの程度．システムの安定性 ・材料の安定性／不安定性
F2 精度	・正確さの度合．システムの動作が，要求に合致している度合い ・加工精度や測定精度 ・誤差の少なさ／多さ
F3 有害性／安全性	・システム内または外からの有害な影響の受けやすさ ・システムが外部に有害な影響を与える度合．環境への問題を含む ・悪い副作用 ・材料から発する有害物質 ・公害，コンプライアンス事故の抑止
F4 操作の容易性	・ユーザーの使い易さ．簡単操作性 ・人間の操作なしに機能を果たす自動化の程度と範囲 ・表面処理などの処理のしやすさ
F5 制御の複雑性	・目的の出力，状態にするために行う工程の複雑さ ・アルゴリズムのシンプルさ ・表面処理などの処理の複雑さ
F6 保守／修理の容易性	・システムの複雑さと修理の容易さ ・要素・部品の数，要素・部品間の相互作用の数を含む ・メンテナンスフリーの程度 ・バグ対応のしやすさ
F7 適応性／融通性	・周囲・環境や隣接物との適応性 ・実際に起こり得る条件の違い，変化に対して機能すること，及び運用の柔軟性
F8 耐久性	・システムが故障するまでの時間 ・長期間に渡って変化する条件に対する頑強さ ・外的要因に対する安定性(ロバスト性) ・劣化しやすさ
F9 製造の容易性／生産性	・製造の容易性及び時間当たりに実行する有用な機能の程度 ・組み立てやすさ

表 3.8 つづき

機能パラメータ	内容
F10 物質の量／損失	・システムの要素，部品の数，及び損失・浪費 ・必要なリソースの量，浪費 ・濃度の量や変化
F11 情報の量／損失	・扱う信号の量，及び損失・浪費 ・大量の処理データの有無，扱うデータ，パラメータの種類と数
F12 時間の量／損失	・動作時間及びその非効率さ(待ち時間など) ・ロス時間 ・起動までの時間，終了までの時間 ・システムの立ち上げ時間遅れ，待ち時間
F13 エネルギーの量／損失	・システムまたは要素が有用な作用をする時に使用するエネルギー量及びその利用効率 ・エネルギーの損失

能パラメータ」と，11個の具体的な「設計パラメータ」(3.6節参照)に統合グルーピングして，取り組みやすさに主眼を置いた2つのタイプの「新矛盾マトリックス」に再編した．

信頼性・有害性・保守性などといったシステムの働きや各要素に要求される機能を考える場合には，「新矛盾マトリックス1(機能)」を適用する．「新矛盾マトリックス1(機能)」は，機能的な特性に関わるパラメータを集めてそれらを階層化(構造化)し，13の特性として表示してある(表3.9)．

目の前の機能性に関する矛盾課題に対して，改良する特性を表3.9の縦軸のF1～F13の中から選択し，その際に悪化する特性を横軸のF1～F13の中から選択する．

表3.9の良化する特性と悪化する特性の交点にある数字が「統合発明原理」の番号を表している．この交点の数字の序列には特に意味はない．その中の統合発明原理を一通り検討することが必要である．

表中から得られる「統合発明原理」から，さらには3.3節で述べたサブ原理を参考にして解決策を考える．得られた統合発明原理の数だけアイデアがある

ということではなく，1つの「統合発明原理」から複数のアイデアが生まれることもあるし，逆に得られた「統合発明原理」の中にはアイデアに結びつけにくいものも含まれる．ただし，「統合発明原理」の中には必ずアイデアに結びつくものが1つ以上は必ずあるので，思いつく限りの解決策を考えることが必要である．

また表3.9の対角線上の交点は，良化する特性とその際に悪化する特性とが同一であるため，上記の「統合発明原理」を用いることができない．そこではTRIZの物理的矛盾に対する4つの解決策(分離の法則)B1～B4を用いることで解決を図ることができる(表3.10)．

3.6　11個の設計パラメータ

開発の上流段階では，システムの働きや各要素に要求される機能を考える場合が多く，そこでは機能的な特性に関する課題(3.4～3.5節参照)を想定するが，開発設計が進んだ段階では，重さ，長さ，速度，力，温度といった形状や設計に関するパラメータ間の矛盾を扱うことになり，例えば「強度を上げようとする」と「重くなってしまう」といった具体的な実現手段に関する課題が中心になる．G.アルトシュラーの39個のパラメータ[7]にもこれらの設計特性に関する項目が含まれている．しかし，これらは前述した通り，システムの働きや各要素に要求される機能と混在して記載されているため，開発のステップに合わせて選択する方が，パラメータを考えやすくなる．

さらに，「重量」，「長さ」，「面積」，「体積」といった特性において，G.アルトシュラーのパラメータでは「動く物体の重量」と「静止物体の重量」など，動く場面で用いる特性なのか，静止した場面で用いる特性なのか，といったその使用場面を自分の扱うシステムにおいて考慮することが求められており，TRIZの利用に対してある程度の経験者でさえもパラメータの選定に迷いが生じる原因となっている．さらにいえば初心者が「矛盾マトリックス」をうまく使いこなすことの妨げとなっている．

66　第 3 章　革新的課題解決の考え方と方法

表 3.9　「新矛盾マト

良化する特性＼悪化する特性			信頼性・精度		有害性／安全性		
			信頼性	精度	有害性／安全性	操作の容易性	制御の複雑性
			F1	F2	F3	F4	F5
信頼性／精度	信頼性	F1	B1, B2, B3, B4	1, 8, 11, 16	1, 4, 13, 18, 24	7, 8, 9, 13, 18	4, 13, 18
	精度	F2	1, 2, 8, 11, 16	B1, B2, B3, B4	4, 5, 7, 8, 14, 15, 16, 20, 24, 25	1, 4, 7, 8, 9, 11, 15, 16, 22, 24	4, 16, 25
有害性／安全性	有害性／安全性	F3	1, 13, 18, 25	4, 5, 7, 8, 11, 15, 16, 20, 22	B1, B2, B3, B4	1, 4, 12, 15, 16, 20, 25	1, 4, 13, 14, 18, 22, 23
操作性／耐久性	操作の容易性	F4	7, 8, 13, 16, 18, 21	1, 4, 8, 9, 11, 12, 15, 16, 22, 24	1, 4, 12, 20, 25	B1, B2, B3, B4	12, 13, 15
	制御の複雑性	F5	4, 13, 18, 21	4, 16, 25	1, 4, 14, 22, 23	1, 2, 15, 23	B1, B2, B3, B4
	保守／修理の容易性	F6	1, 8, 9, 10, 24	1, 4, 8, 9, 12, 15, 16, 25	1, 4, 8, 10, 14, 18, 22, 24	1, 3, 4, 8, 9, 13, 15, 21, 22, 24, 25	4, 8, 22, 24,
	適応性・融通性	F7	9, 21, 24, 25	1, 2, 8, 24	8, 16, 17, 24,	1, 10, 13, 15, 22, 24	1
	耐久性	F8	1, 4, 8, 9, 13, 15, 18	4, 8, 9, 10, 13, 16, 18, 22, 25	1, 4, 7, 10, 11, 13, 14, 18, 19, 20, 22, 23, 24, 25	1, 4, 8, 13, 16, 19, 21, 24	4, 11, 12, 14, 15, 22, 24, 25
製造性	製造の容易性, 生産性	F9	1, 8, 24, 25	1, 4, 8, 15, 16, 21, 22, 24	1, 9, 14, 22, 24, 25	1, 2, 3, 4, 9, 10, 21, 22, 24	1, 4, 8, 13, 22, 24
量／損失	物質の量／損失	F10	4, 8, 16, 18, 22, 24, 25	1, 4, 8, 10, 15, 16, 17, 19, 20, 24, 25	1, 4, 8, 14, 15, 16, 17, 18, 19, 20, 24, 25	1, 4, 8, 12, 16, 21, 22, 24, 25	4, 8, 9, 13, 16, 22, 24
	情報の量／損失	F11	4, 8, 11	1, 4, 5, 7, 8, 9, 12, 16, 24	1, 8, 14, 23	13, 14, 24	20, 24
	時間の量／損失	F12	5, 8, 19	4, 15, 16, 22, 25	14, 15, 22, 24, 25	4, 5, 8, 15, 19, 24, 25	4, 8, 16, 22
	エネルギーの量／損失	F13	4, 8, 11, 13, 17, 22, 23, 24, 25	1, 16, 22	1, 4, 8, 13, 14, 17, 22, 23, 24	1, 4, 7, 8, 16, 22, 24	10, 11, 12, 16, 22, 24, 25

注）この「新矛盾マトリックス 1 (機能)」は，G. アルトシュラー版「矛盾マトリックス」を

3.6 11個の設計パラメータ

リックス1(機能)」

操作性／耐久性			製造性		量／損失		
保守／修理の容易性	適応性・融通性	耐久性	製造の容易性，生産性	物質の量／損失	情報の量／損失	時間の量／損失	エネルギーの量／損失
F6	F7	F8	F9	F10	F11	F12	F13
1, 8, 9, 24	9, 21, 24, 25	1, 4, 12, 13, 15, 16, 18, 24	1, 4, 24, 25	4, 8, 16, 18, 23, 24, 25	4, 8	5, 8, 19	4, 8, 11, 13, 17, 22, 23, 24
1, 4, 8, 9, 12, 13, 15, 16, 22, 24	1, 9, 24	4, 8, 9, 13, 16, 18, 19, 22, 24, 25	4, 8, 12, 15, 16, 22, 24, 25	1, 4, 8, 10, 16, 17, 19, 24, 25	1, 3, 5, 8, 9, 12, 15, 16, 24, 25	4, 15, 16, 22, 25	1, 4, 9, 13, 16
1, 4, 8, 14, 17, 18, 22, 24	8, 14, 17, 24	1, 4, 7, 10, 13, 14, 17, 18, 19, 20, 22, 23, 24, 25	1, 9, 14, 22, 24, 25	1, 4, 8, 14, 15, 16, 17, 18, 20, 22, 24, 25	1, 4, 8, 14, 23	1, 14, 15, 22, 24	1, 4, 8, 13, 14, 17, 22, 23, 24, 25
1, 4, 7, 8, 9, 12, 16, 21, 22, 24, 25	1, 5, 10, 13, 15, 22, 24	1, 4, 8, 10, 12, 16, 19, 21, 22, 24	1, 2, 4, 9, 21, 22, 24	1, 2, 4, 8, 9, 16, 21, 22, 24, 25	5, 8, 13, 14, 20, 24	4, 5, 8, 15, 19, 24, 25	1, 4, 8, 9, 11, 13, 15, 16, 22, 24, 25
4, 8, 21, 22, 24	1, 22	4,8,12,14,15, 19,22,24,25	2, 4, 8, 22, 24	1, 4, 8, 13, 16, 22, 25	13, 14, 20, 24	4, 8, 16, 22	1, 8, 10, 16, 22, 24, 25
B1, B2, B3, B4	1, 3, 4, 5, 10, 22, 24	1, 4, 5, 7, 8, 13, 14, 22, 24	1, 4, 7, 8, 9, 13, 16, 21, 24	1, 4, 8, 9, 12, 13, 15, 16, 24	1, 3, 4, 8, 9, 12, 16, 22, 24, 25	1, 4, 8, 12, 16	1, 4, 8, 9, 10, 13, 15, 16, 19, 22, 23, 24
1, 3, 4, 5, 10, 22, 24	B1, B2, B3, B4	1, 6, 9, 10, 19, 24	1, 4, 9, 17, 24	1, 8, 9, 16, 22, 24	1, 3, 4, 8, 10, 16, 22, 24	4, 24	1, 4, 9, 22, 24
1, 4, 5, 8, 10, 13, 14, 22, 24	1, 9, 15, 19, 24	B1, B2, B3, B4	1, 5, 6, 7, 8, 10, 11, 13, 16, 18, 22, 23, 24, 25	1, 4, 6, 8, 10, 13, 16, 17, 18, 19, 22, 24, 25	8	4, 8, 10, 13, 22, 23, 24	4, 5, 8, 9, 10, 13, 16, 17, 22, 24, 25
1, 4, 7, 8, 12, 13, 16, 21, 24, 25	1, 4, 9, 22, 24	1, 5, 8, 9, 10, 13, 14, 16, 22, 23, 24, 25	B1, B2, B3, B4	1, 4, 8, 11, 15, 20, 22, 24, 25	9, 10, 11, 16, 22, 25	4, 5, 15, 24	1, 4, 5, 8, 13, 21, 22, 23, 24, 25
1, 4, 8, 9, 12, 13, 15, 16, 24, 25	1, 4, 8, 16, 22	1, 4, 6, 7, 8, 10, 13, 16, 17, 18, 19, 22, 24	1, 4, 8, 9, 11, 13, 15, 16, 20, 22, 24	B1, B2, B3, B4	4, 24, 25	8, 10, 22, 24, 25	1, 2, 3, 4, 10, 12, 13, 15, 16, 17, 21, 22, 24, 25
1, 2, 4, 7, 8, 9, 12, 16, 25	1, 2, 4, 5, 8, 12, 16, 25	8	9, 11, 16, 22	4, 24, 25	B1, B2, B3, B4	4, 16, 25	8, 22
1, 4, 8, 16	4, 24	2, 4, 8, 10, 14, 16, 22, 23, 24	4, 5, 15, 24	8, 10, 22, 24, 25	4, 16, 25	B1, B2, B3, B4	1, 2, 4, 8, 16, 22, 23, 24, 25
1, 3, 4, 7, 8, 11, 13, 15, 19, 22, 23, 24	7, 9, 10, 15, 22	1, 4, 5, 6, 7, 8, 9, 10, 13, 16, 17, 22, 24, 25	1, 4, 5, 8, 15, 19, 21, 24	1, 2, 3, 4, 5, 10, 11, 12, 13, 15, 16, 17, 22, 23, 24	8, 22	3, 4, 8, 16, 22, 23, 25	B1, B2, B3, B4

基本に再整理したものである．但し，▭はD. Mann, et. al.,「Matrix 2003」を参考とした．

表 3.10　4つの解決策(分離の法則)

4つの解決策	内　容
B1：時間による分離 　異なる時間上で分離するようにする	●特性がある時には大きくなり，別の時には小さくなるようにする ●特性がある時には存在し，別の時には存在しないようにする
B2：空間による分離 　異なる空間上で分離するようにする	●特性がある場所では大きくなり，別の場所では小さくなるようにする ●特性がある場所では存在し，別の場所には存在しないようにする
B3：部分と全体の分離 　部分と全体とで分離するようにする	●システムのレベルでは特性が1つの価値を持ち，部分(部品)のレベルでは反対の価値を持つようにする ●システムのレベルでは特性が存在し，部分(部品)のレベルでは特性が存在しないようにする
B4：状況による分離 　異なる状況で分離するようにする	●特性がある条件では高く，他の条件では低くなるようにする ●特性がある条件では存在し，他の条件では存在しないようにする

そこで，形状や設計パラメータに関する矛盾を扱う場合のために，形状や設計に関するパラメータを整理・統合して，「D1 物体の重量」,「D2 物体の長さ」,「D3 物体の面積」,「D4 物体の体積」,「D5 速度」,「D6 力」,「D7 応力または圧力」,「D8 形状」,「D9 強度」,「D10 温度」,「D11 輝度」の11個の「設計パラメータ」にまとめた．

これらを適用する場合は，それぞれ文字通りの意味を適用すればよい．ただし，「D6 力」と「D7 応力または圧力」の違いは少しわかりにくい．「D6 力」は，対象となる物体の条件を変えようとすることを意図した全ての相互作用をいい，「D7 応力または圧力」は対象となる物体の単位面積あたりの力や張力をいう．11個の「設計パラメータ」の意味を，表3.11にまとめる．

表3.11　11個の「設計パラメータ」の内容

No.	特性	意味
D1	物体の重量	対象となる製品や部品などの測定された重さ
D2	物体の長さ	対象となる製品や部品などの測定された一次元の線：長さ
D3	物体の面積	対象となる製品や部品などの表面積や内部の面積
D4	物体の体積	対象となる製品や部品などの体積
D5	速度	対象となる物体の速度
D6	力	対象となる物体の条件を変更することを意図した全ての相互作用
D7	応力または圧力	対象となる物体の単位面積当たりの力や張力
D8	形状	対象となる物体やシステムの外部輪郭や外観
D9	強度	対象となる物体が力に応じた変化力に抵抗できる範囲．破壊力に対する抵抗力
D10	温度	対象となる物体やシステムの温度状況
D11	輝度	対象となる物体やシステムの単位当たりの光の量（光量）や照度，光特性など

3.7　新矛盾マトリックス2（設計）

　開発設計が進んだ段階では具体的な実現手段に関するパラメータ，すなわち，形状や設計パラメータに関する矛盾を扱うことになる．その際「新矛盾マトリックス2（設計）」を利用する（表3.12）．

　表3.12の良化する特性と悪化する特性の交点の数字も，前述の表3.4の「統合発明原理」の番号を表している．

　目の前の設計段階での矛盾課題に対して，良化する特性を表3.12の縦軸の「設計パラメータ」のD1～D11の中から選択し，その際に悪化する特性を横軸の「設計パラメータ」のD1～D11の中から選択する．

　表3.12の改善する特性と悪化する特性の交点にある数字が「統合発明原理」の番号を表している．なお，この交点の数字の序列に特に意味はない．

　この交点の数字の「統合発明原理」から，さらには3.3節で述べたサブ原理

表 3.12 「新矛盾マト

良化する特性 \ 悪化する特性		物体の重量 D1	物体の長さ D2	物体の面積 D3	物体の体積 D4
物体の重量	D1	B1, B2, B3, B4	1, 4, 8, 15, 21, 22, 24	1, 4, 7, 9, 15, 19, 24, 25	1, 2, 4, 6, 18, 24
物体の長さ	D2	4, 15, 18, 21, 22, 24	B1, B2, B3, B4	3, 5, 7, 8, 18, 22	1, 3, 5, 6, 7, 21, 24
物体の面積	D3	1, 4, 5, 6, 7, 19, 22	3, 4, 5, 6, 8, 22, 25	B1, B2, B3, B4	3, 5, 6, 7
物体の体積	D4	1, 4, 6, 8, 18, 22, 24	1, 3, 5, 6, 21, 22, 24	1, 3, 5, 7	B1, B2, B3, B4
速度	D5	1, 4, 9, 25	6, 9, 21	4, 15, 19	3, 4, 15
力	D6	1, 4, 9, 21, 22, 24	1, 4, 7, 8, 22, 24	1, 8, 22, 24	1, 8, 21, 22, 24
応力または圧力	D7	4, 8, 9, 18, 22, 24	1, 6, 8, 10, 24	4, 8, 22, 24	4, 8, 15, 24
形状	D8	4, 8, 16, 18, 21, 22	2, 3, 4, 5, 6, 8, 9, 15	2, 5, 8, 15	1, 3, 5, 6, 14, 22, 24
強度	D9	1, 4, 13, 18, 21, 22	1, 4, 6, 21, 22, 24	4, 8, 15, 16, 18	3, 6, 7, 8, 22
温度	D10	4, 14, 16, 24, 25	8, 22	16, 22, 24, 25	4, 5, 15, 18, 22, 24, 25
輝度	D11	1, 16, 22, 24	10, 16, 22	4, 16, 22	1, 8, 9

注) この「新矛盾マトリックス 2 (設計)」は，G. アルトシュラー版「矛盾マトリックス」

3.7 新矛盾マトリックス2(設計)

リックス2(設計)」

速度	力	応力または圧力	形状	強度	温度	輝度
D5	D6	D7	D8	D9	D10	D11
1, 21, 22, 25	8, 21, 22, 24	4, 8, 9, 18 22, 24	4, 6, 8, 9, 18, 24	1, 4, 8, 13, 18, 22	4, 5, 14, 16, 22, 25	1, 16, 22, 24
5, 9, 21	4, 5, 7, 8	1, 6, 21, 24	1, 3, 4, 6, 8, 9, 21, 22	4, 6, 15, 21, 22, 24	8, 16, 22 24, 25	12, 16
4, 5, 15, 19	1, 19, 22, 24	4, 8, 22, 24	2, 4, 5, 15	6, 16, 18, 22	1, 10, 22, 24, 25	9, 16, 22
4, 5, 15, 25	1, 22, 24	4, 24, 25	1, 3, 4, 5, 22, 24	3, 7, 6, 8, 22	4, 5, 8, 15, 22, 24, 25	1, 8, 9
B1, B2, B3, B4	4, 9, 22	4, 18, 22, 25	15, 22, 24	4, 6, 16, 21	1, 4, 19, 24	8, 9, 22
4, 9, 21, 22	B1, B2, B3, B4	8, 22, 23	8, 15, 18, 24	6, 8, 13, 24	8, 23, 24	1, 4, 9, 12, 22, 24
4, 24	23, 24	B1, B2, B3, B4	5, 8, 22, 24	8, 16, 18, 22	1, 22, 24, 25	14, 21, 24, 25
15, 22, 24	8, 18, 24	6, 8, 15, 22	B1, B2, B3, B4	6, 8, 18, 19	6, 14, 16, 22	9, 16, 22
4, 6, 9, 21	6, 8, 16, 22	8, 16, 18, 22	8, 18, 19, 24	B1, B2, B3, B4	8, 18, 19	22, 24
1, 4, 19, 24	8, 16, 23, 24	1, 22, 24, 25	6, 14, 16, 22	8, 14, 18, 19	B1, B2, B3, B4	10, 16, 19, 23
8, 9, 22	4, 22	8, 19, 21, 24	16, 19	22, 24	16, 22, 24	B1, B2, B3, B4

を基本に再整理したものである．但し，☐の部分はD.Mann, et.al.,「Matrix 2003」を参考とした．

（表 3.6）を参考にして解決策を考える．得られた「統合発明原理」の数だけアイデアがあるということではなく，1つの「統合発明原理」から複数のアイデアが生まれることもあるし，逆に得られた「統合発明原理」の中にはアイデアに結びつけにくいものも含まれる．ただし，「統合発明原理」の中には必ずアイデアに結びつくものがあるので，思いつく限りの解決策を考えることが必要である．

また，表 3.12 の対角線上の交点は，改良したい特性とその際に悪化する特性とが同一であるため，上記の「統合発明原理」を用いることができない．そこで，3.5 節で述べた表 3.10 の 4 つの解決策（分離の法則）による解決策を用いることで解決を図ることができる．

第4章

新矛盾マトリックスの活用方法

74　第4章　新矛盾マトリックスの活用方法

4.1　機能パラメータの利用ガイド

2つのタイプの「新矛盾マトリックス」を使うには，まず対象とするシステムにおいて矛盾する項目が何なのかを考える必要がある．これらの選択の手順・方法は次の4.2節で詳しく述べるが，実際に2つのタイプの「新矛盾マトリックス」を利用するに当たっては，現実の問題状況を考え，縦軸の良化するパラメータと横軸の悪化するパラメータを適切に選択することが最も重要な点である．

形状・設計に関する矛盾問題を扱う「新矛盾マトリックス2(設計)」(表3.12)を利用する際は，自分の課題から形状・設計に関することを抽出して，それをパラメータに置き換える必要がある．ただし，形状・設計に関するパラメータは，「物体の重量」，「物体の長さ」など，各パラメータの表記が内容そのものを表しているので，自分の課題を形状・設計に関するパラメータに置き換える時に，その選択において迷ったり違和感を覚えたりすることは少ないと思われる．

一方，機能に関わるパラメータについては，それぞれの持つ意味を3.4節で解説した．しかし，機能に関する矛盾問題を扱う「新矛盾マトリックス1(機能)」(表3.9)を利用する際は，機能に関わるパラメータが「信頼性」，「精度」といった抽象的なものであるため，自分の機能に関する課題をどのパラメータに当てはめればよいかについて，実際に適用しようとすると迷うことがある．そこで本節で解説する．

まず代表的な利用分野として，機械，電気，ソフト(情報システム)，化学，ビジネスを例として取り上げ，「新矛盾マトリックス1(機能)」の「機能パラメータ」F1～F13を選択するための利用ガイドを，表4.1に示す．

「新矛盾マトリックス1(機能)」(表3.9)の縦軸に上記の良化する特性を，横軸に上記の悪化する特性を当てはめて，その交点の発明原理を手にすることができる．

ここには「機能パラメータ」F1～F13が適用されると思われる代表的な例

を挙げた．これらはあくまでも代表例であり，これらの表現の細部にこだわることなく，これらを参考にして類似のものがないかどうかを考えて，実際の場面に適用することが望ましい．以下にこの利用ガイドの使い方を示す．

　まず，対象とするシステムにおいて，矛盾する項目つまり「良化する点」と，その際に起こっている「悪化する点」が何なのかを決める．この時，1つのシステムにおいて，矛盾することは必ずしも1つ（良化する点と悪化する点の一対）とは限らず，2つ以上の矛盾を抱えている場合も少なくない．複数の矛盾を抱えている場合にはその数だけ繰り返して「新矛盾マトリックス1（機能）」を使用し，アイデアを考え出していかなければならない．

　「良化する点」と，その際に起こっている「悪化する点」が決まったら，「良化する点」について，表4.1の分類（信頼性／精度，有害性，操作性／耐久性，製造性，量／損失）の5つのうちのどれに属するのかを検討する．

　分類の項目が決まったら，次は分類の中の機能パラメータのどれに属することかを検討する．自分の課題での具体的な事象と，抽象的な機能パラメータとが結びつかない場合には，表4.1の該当分類のうちの「共通」項で，自分の課題での「良化する点」に合った類似の例がないかどうか探す．さらに「機械」，「電気」，「ソフト」，「化学」，「ビジネス」といった自分の課題が属する技術領域の中で類似の例がないかどうか探す．類似の例があった機能パラメータが該当する「良化する特性」である．この良化する特性の番号を控えておく．

　次に，「悪化する点」についても同様の作業を行う．つまり，自分の課題での「悪化する点」が表4.1の分類の5つのうちのどれに属するのかを検討し，そして分類の中の「機能パラメータ」のどれに属することかを検討する．ここでも「共通」項で，自分の課題での「悪化する点」に合った類似の例がないかどうか探し，さらに自分の課題が属する技術領域の中で類似の例がないかどうか探す．類似の例があった機能パラメータが，該当する「悪化する特性」である．

　具体的な使用例は第5章に示すので，これらの使用例も参考にして各自の課題に適用していただきたい．

表4.1 「機能パラ

分類	機能パラメータ		共通	機械的
信頼性/精度	信頼性	F1	意図した機能を意図した処理で実行できる能力。長期間の実行性能を含む。システムや材料の安定性/不安定性。	故障の少なさ、動作のばらつきの少なさ。
	精度	F2	正確さの度合。システムの動作が、要求に合致している度合。加工精度や測定精度。誤差の少なさ/多さ。	加工精度、測定精度、組立精度。
有害性/安全性	有害性/安全性	F3	システム内または外からの有害な影響の受けやすさ。システムが外部に有害な影響を与える度合。環境への問題を含む。悪い副作用。材料から発する有害物質。	発熱、騒音、振動、有害生成物。
操作性/耐久性	操作の容易性	F4	ユーザーの使いやすさ。人間の操作なしに機能を果たす自動化の程度と範囲。	使いやすさ、簡単操作。直観的にわかる操作。
	制御の複雑性	F5	目的の出力、状態にするために行う行程の複雑さ。表面処理などの処理の複雑さ。	工作機械などでの段取りの多さ。
	保守/修理の容易性	F6	システムの複雑さと修理の容易さ。要素・部品の数、要素・部品間の相互作用の数を含む。メンテナンスフリーの程度。バグ対応のしやすさ。	システムの複雑さ。構成部品の数。分解性・部品交換の手軽さ。メンテナンスフリー。
	適応性・融通性	F7	周囲・環境や隣接物との適応性。実際に起こり得る条件の違い、変化に対して機能すること、及び運用の柔軟性。	外的な要因に対しての追従性。多品種に対する適合性の高さ。
	耐久性	F8	システムが故障するまでの時間。長期間に渡って変化する条件に対する頑強さ。外的要因に対する安定性(ロバスト性)。劣化しやすさ。	システムが故障するまでの時間。外的要因に対する安定性(ロバスト性)
製造性	製造の容易性、生産性	F9	製造の容易性及び時間当たりに実行する有用な機能の程度。組み立てやすさ。	システムの作りやすさ。生産物の量。ローコスト、少人数。
量/損失	物質の量/損失	F10	システムの要素、部品の数、及び損失・浪費。	システムを構成している部品の数。
	情報の量/損失	F11	扱う信号の量、及び損失・浪費。必要なリソースの量、浪費。濃度の量や変化。	機械的な応答、信号。
	時間の量/損失	F12	動作時間及びその非効率さ(待ち時間など)。起動までの時間、終了までの時間。ロス時間。システムの立ち上げ時間遅れ、待ち時間。	システムの動作時間。システムの立ち上げ時間遅れ、待ち時間。生産タクトタイム。
	エネルギーの量/損失	F13	システムまたは要素が有用な作用をするときに使用するエネルギーとその利用効率の両方を含む。エネルギーの損失。	システム内でのエネルギー消費量や変換効率。

メータ」の利用ガイド

電気的	ソフト(情報システム)的	化学的	ビジネス的
耐ノイズ性，誤動作の少なさ．	バグの少なさ，安定したデータ処理．	材料の安定さ／不安定さ．	真摯さ，納期厳守，約束遵守
電気的な処理精度．	データ処理誤差の少なさ．	副反応．	スケジューリングの見積もり精度．
感電，電磁ノイズの発生，人体への悪影響．	データ処理のミスの少なさや量．外部からの攻撃に対する耐性．処理に伴う他への弊害．	温度や環境に対する有害性．廃棄による環境汚染．材料から発する有害物質．	他社特許に対する対抗力公害，コンプライアンス事故の抑止．
基盤レイアウト．	UIの解りやすさ．入力操作の数．	表面処理などの処理のしやすさ．	扱いやすさ．
処理速度の速さ．	シンプルなアルゴリズム．小さい処理ステップ数．	反応時の温度時間等の複雑さ．表面処理などの処理の複雑さ．	方針の具現化におけるプロセスの簡便さ．
システムの複雑さ．構成部品の数．分解性・部品交換の手軽さ．メンテナンスフリー．	バグ対応のしやすさ．IOパラメータの数．モジュールの数．モジュールの独立度合．	洗浄性などの容易さ．付着，密着のさせやすさ．	ユーザー対応窓口の対応，及びその仕組みの有効性．
入力信号に対する対応性．幅広いレンジへの適応性．	条件変更への適応性．異なる使用条件への適合性．	周囲や隣接物との適応性．	他社や市場の要求に対するリードタイム．
システムが故障するまでの時間．外的要因に対する安定性(ロバスト性)．	故障するまでの時間．長時間に亘って変化する使用条件の耐性．	材料の丈夫さ．劣化しやすさ．	そのビジネスの長期的展望，参入障壁の高さ．企業／事業の持続性．
基盤レイアウト．システムBOXの組立て性．	モジュールの組立てやすさ．プログラムしやすいアルゴリズム．	作りやすさ，反応工数．製造工程での有害物生成の問題．	認可（許可）に対する障壁．
電子，電気部品の数．	必要なリソースの量，浪費．	構成化合物の種類の数，濃度の量や変化．	たくさんの人 作業者
電流や電圧の減衰量．デジタル回路での応答速度．	大量の処理データの有無．扱うデータ，パラメータの種類と数．	色相の変化．光透過性の程度．	情報の多さ．情報の消失．
起動までの時間．終了までの時間．電気信号の処理遅れ時間．	データの処理時間．	固化や密着性の十分な量に達するまでの時間．	判断，実行に要する時間．
入力電流の減衰，変換効率．	リソースが消費するエネルギーとその効率．	システム内でのエネルギー消費量や変換効率．エネルギー発生効率，光や酸素の補足効率．	業務活動に要する電力，燃料などのエネルギー消費量とその効率．

4.2 新矛盾マトリックスの活用フロー

(1) 新矛盾マトリックスの2段活用について

2つのタイプの「新矛盾マトリックス」を活用するためには，この2つのタイプのマトリックスの使い分けの判断からスタートして，適切な統合発明原理を導くまでの一連の作業プロセスを，属人的ではなく，合理性を追求した思考法で進めていく．2つのタイプの「新矛盾マトリックス」を効果的に活用していくためのフローを，図4.1に示す．

ここに示した活用フローを常に意識して，より合理的な思考で効果的なアイデア発想を心がけることが重要である．なお，活用フローを活用しながら，よ

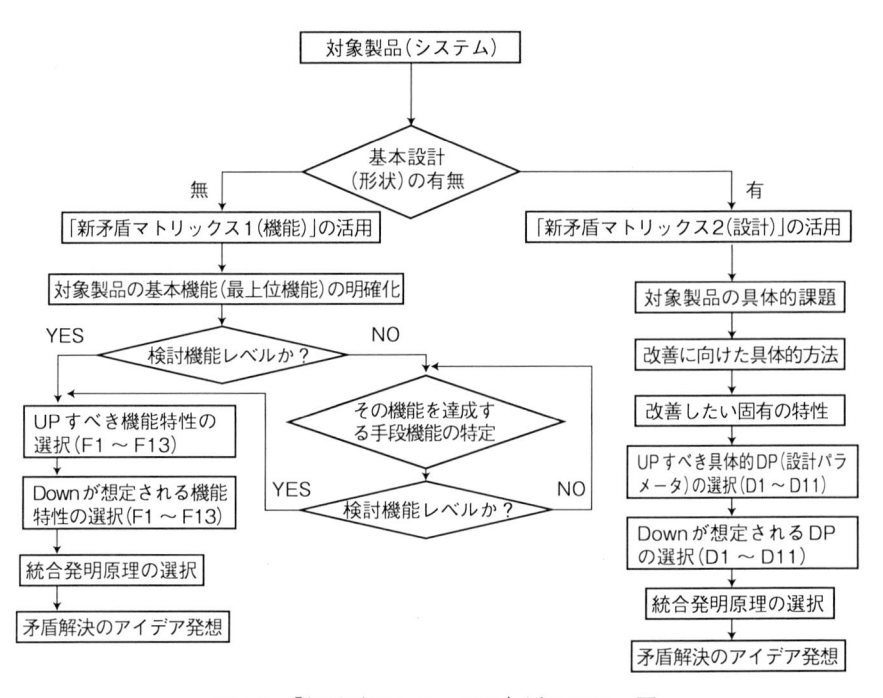

図4.1 「新矛盾マトリックス」活用フロー図

り効果的かつスムーズにそれぞれのマトリックスを使いこなしていけるように，2つのタイプの「新矛盾マトリックス」の各々のパラメータの特性について，マクロ的な観点から各マトリックスと対で体系化したので，これも活用時に参考にしてほしい．

「新矛盾マトリックス1(機能)」の機能的特性では，まず信頼性／精度，有害性／安全性，操作性／耐久性，製造性，量／損失の5つに分類し，さらにそれらの分類をF1〜F13に展開した構造になっている．そこで図4.2ではF1〜F13を特に機能的視点から定義した内容になっているので，この意味を参考にしてパラメータを選択してほしい．

「新矛盾マトリックス2(設計)」の設計的特性では，特に段階的な分類はなく，設計レベルで関連が深い11個のパラメータが対応している．そこで，図4.3のD1〜D11を特に，対象となる製品や部品あるいは物体かシステムといった観点から定義した内容になっている．個々の定義内容を参考にパラメータの選択をしてほしい．

最後に，これら2つのタイプの「新矛盾マトリックス」を効果的に活用するためのワークシートを図4.4，図4.5に示す．実際の活動場面では，図4.1の活用フロー図とセットで利用していただきたい．

各ワークシートは，対象テーマに関する具体的な課題を的確に把握した後に，マトリックス上で示されるパターン化された技術矛盾の1つに置き換え(抽象化)るためのテンプレートになっている．

(2) 2つのタイプの新矛盾マトリックスで配置する物理的矛盾について

物理的矛盾についてはすでに第2章で一通り説明しているが，ここでは2つのタイプの「新矛盾マトリックス」上の対角線上になぜ物理的矛盾の解決に有効な「分離の法則(B1〜B4)」を配置したかについて説明を加える．

「物理的矛盾」とは，そもそも1つのパラメータ(ファクター)で反対要件が同時に要求される場合の矛盾のことであり，2つのパラメータ間の二律背反を扱う「技術的矛盾」とはそもそも矛盾の意味合いが違う．

80　第4章　新矛盾マトリックスの活用方法

【新矛盾マトリックス1（機能）】

悪化する特性 \ 改善する特性			信頼性・精度		有害性／安全性	操作性／耐久性					製造性	量／損失			
			信頼性 F1	精度 F2	有害性／安全性 F3	操作の容易性 F4	制御の複雑性 F5	保守／修理の容易性 F6	適応性・融通性 F7	耐久性 F8	製造の容易性，生産性 F9	物質の量／損失 F10	情報の量／損失 F11	時間の量／損失 F12	エネルギーの量／損失 F13
信頼性／精度	信頼性	F1		B3, B4	11, 16	18, 24	13, 18	4, 13, 18		9, 24		23, 24, 25	4, 8	5, 8, 19	17, 22, 23, 24
	精度	F2	1, 2, 8, 11, 16		B1, B2, B3, B4	4, 5, 7, 8, 11, 15, 16, 20, 24, 25	1, 4, 7, 8, 9, 11, 15, 16, 22, 24	4, 16, 25	1, 4, 8, 9, 16, 22, 24	1, 9, 24	4, 8, 9, 13, 15, 16, 24, 25	4, 8, 12, 15, 16, 24, 25	1, 4, 8, 13, 16, 17, 19, 24, 25	4, 15, 16, 22, 25	1, 4, 9, 13, 16
有害性／安全性	有害性／安全性	F3	1, 13, 18, 25	4, 5, 7, 8, 11, 15, 16, 20, 22		B1, B2, B3, B4	1, 4, 12, 15, 16, 20, 25	1, 4, 8, 14, 17, 18, 22, 23	1, 4, 7, 17, 18, 22	8, 14, 17, 24	1, 4, 7, 8, 13, 14, 17, 18, 19, 22, 23, 24	1, 4, 8, 14, 15, 16, 17, 18, 20, 22, 24, 25	1, 4, 8, 23	1, 14, 15, 22, 24	1, 4, 8, 13, 14, 17, 22, 23, 24, 25
操作性／耐久性	操作の容易性	F4	7, 8, 13, 16, 18, 21	1, 4, 8, 9, 11, 12, 15, 16, 22, 24	1, 4, 12, B3, B4		B1, B2, 15	12, 13, 15	1, 7, 8, 9, 12, 16, 17, 24	1, 4, 8, 10, 12, 16, 19, 21, 22, 24	1, 2, 4, 9, 16, 21, 22, 24	1, 2, 4, 5, 6, 16, 21, 22, 24, 25	5, 8, 13, 14, 20, 24	4, 5, 8, 15, 19, 24, 25	1, 4, 8, 13, 15, 16, 22, 24
	制御の複雑性	F5	4, 13, 18, 21	4, 16, 25	1, 4, 14, 22, 23	1, 2, 15, 23		B1, B2, B3, B4	4, 8, 21, 22, 24	1, 22	4, 8, 12, 14, 15, 19, 22, 24, 25	2, 4, 8, 16, 22, 24	13, 14, 16, 22	4, 8, 16, 22	1, 8, 10, 16, 22, 24, 25
	保守／修理の容易性	F6	1, 8, 9, 10, 24	1, 4, 8, 9, 12, 15, 16, 25	1, 4, 8, 10, 14, 18, 22, 24	1, 3, 4, 8, 9, 11, 15, 22, 24, 25	4, 8, 22, 24		B1, B2, B3, B4	1, 3, 4, 5, 10, 22, 24	1, 4, 5, 7, 8, 13, 14, 22, 24	1, 4, 7, 8, 12, 15, 16, 24	1, 4, 8, 9, 12, 15, 16, 24, 25	1, 3, 4, 8, 9, 12, 16, 22, 24, 25	1, 4, 8, 12, 16	1, 4, 8, 9, 10, 16, 19, 22, 23, 24
	適応性・融通性	F7	9, 21, 24, 25	1, 2, 8, 24	8, 16, 17, 24	1, 10, 13, 22, 24	1	1, 3, 4, 5, 10, 22, 24		1, 6, 9, 17, 24	10, 19, 24	1, 8, 9, 16, 22, 24	4, 8, 10, 16, 22, 24	4, 24	1, 4, 9, 22, 24
	耐久性	F8	1, 4, 8, 9, 13, 15, 18	4, 8, 9, 10, 13, 16, 18, 22, 25	1, 4, 7, 10, 11, 14, 17, 18, 19, 22, 23, 24, 25	1, 4, 8, 12, 14, 16, 19, 21, 22	4, 15, 22, 24	1, 5, 10, 13, 14, 19, 24	B1, B2, B3, B4		1, 5, 6, 7, 8, 9, 13, 16, 18, 19, 22, 24	1, 5, 6, 7, 8, 15, 16, 17, 18, 19, 22, 24, 25	8	4, 8, 10, 13, 22, 23, 24	4, 5, 8, 13, 16, 17, 22, 24, 25
製造性	製造の容易性，生産性	F9	1, 8, 24	1, 4, 8, 15, 16, 21, 22, 24	9, 14, 22, 24	1, 2, 3, 4, 9, 10, 21, 22, 24	1, 4, 8, 13, 16, 22, 24	1, 4, 7, 8, 13, 14, 21, 24, 25	1, 4, 9, 24	1, 5, 8, 9, 10, 13, 14, 16, 22, 24, 25		B1, B2, B3, B4	1, 4, 8, 11, 15, 22, 25	9, 10, 11, 16, 22, 25	4, 5, 15, 24	1, 2, 3, 4, 8, 13, 21, 22, 23, 24, 25
量／損失	物質の量／損失	F10	8, 16, 18, 22, 24, 25	1, 4, 8, 10, 15, 16, 17, 19, 20, 24, 25	1, 4, 7, 8, 16, 17, 18, 19, 20, 24, 25	1, 6, 8, 21, 22, 24	1, 4, 13, 16, 22, 24	1, 4, 7, 8, 12, 13, 15, 19, 22, 24	1, 6, 22	4, 6, 7, 8, 10, 13, 15, 16, 19, 22, 24, 25	B1, B2, B3, B4		4, 24, 25	10, 22, 24, 25	1, 2, 3, 4, 10, 13, 15, 17, 21, 22, 24, 25
	情報の量／損失	F11	4, 8, 11	1, 4, 5, 7, 8, 9, 12, 16, 24	4, 8, 14, 23	13, 14, 24	20, 24	1, 2, 4, 5, 22	8	9, 11, 16, 22, 24	4, 24, 25	B1, B2, B3, B4		4, 16, 25	8, 22
	時間の量／損失	F12	5, 8, 19	4, 15, 16, 22, 25	4, 14, 15, 22, 19, 24, 25	4, 5, 8, 15, 16, 22	4, 8, 16	4, 16	4, 24	2, 4, 8, 10, 14, 16, 22, 23, 24	4, 5, 24	8, 10, 16, 22, 24	4, 16, 25	B1, B2, B3, B4	1, 4, 8, 13, 22, 23, 24, 25
	エネルギーの量／損失	F13	8, 11, 13, 17, 22, 23, 24, 25	1, 16, 22	1, 4, 8, 13, 14, 17, 22, 23, 24	1, 4, 7, 8, 16, 22, 24	10, 11, 12, 15, 19, 22, 24	1, 3, 4, 7, 8, 13, 16, 19, 22, 23, 24, 25	7, 9, 10, 15, 22	1, 4, 5, 6, 7, 8, 16, 17, 22, 24, 25	1, 4, 5, 8, 15, 19, 24, 25	1, 2, 5, 8, 10, 11, 15, 16, 17, 22, 24, 25	8, 22	3, 4, 8, 16, 22, 23, 25	B1, B2, B3, B4

開発の上流段階　→　「新矛盾マトリックス1（機能）」の活用

システムの働きや各要素に要求される機能を考える場合が多く、そこでは機能的な特性に関する課題を想定することが考えられる

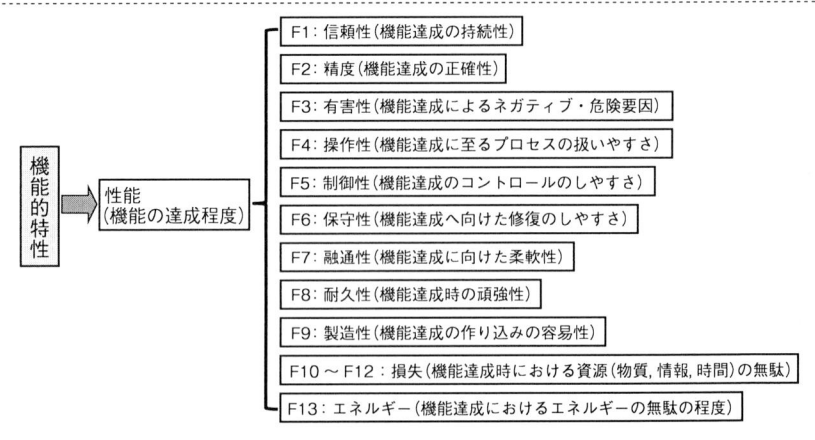

機能的特性 → 性能（機能の達成程度）
- F1：信頼性（機能達成の持続性）
- F2：精度（機能達成の正確性）
- F3：有害性（機能達成によるネガティブ・危険要因）
- F4：操作性（機能達成に至るプロセスの扱いやすさ）
- F5：制御性（機能達成のコントロールのしやすさ）
- F6：保守性（機能達成へ向けた修復のしやすさ）
- F7：融通性（機能達成に向けた柔軟性）
- F8：耐久性（機能達成時の頑強性）
- F9：製造性（機能達成の作り込みの容易性）
- F10〜F12：損失（機能達成時における資源（物質，情報，時間）の無駄）
- F13：エネルギー（機能達成におけるエネルギーの無駄の程度）

図4.2　「新矛盾マトリックス1（機能）」と機能パラメータ（F1〜F13）

4.2 新矛盾マトリックスの活用フロー

【新矛盾マトリックス2（設計）】

悪化する特性 \ 良化する特性		物体の重量 D1	物体の長さ D2	物体の面積 D3	物体の体積 D4	速度 D5	力 D6	応力または圧力 D7	形状 D8	強度 D9	温度 D10	輝度 D11
物体の重量	D1	B1, B2, B3, B4	1, 4, 8, 15, 21, 22, 24	1, 4, 7, 9, 15, 19, 24, 25	1, 2, 4, 6, 18, 24	1, 21, 22, 25	8, 21, 22, 24	4, 8, 9, 18, 22, 24	4, 6, 8, 9, 18, 22	1, 4, 8, 13, 15, 21	4, 5, 14, 16, 22, 25	1, 16, 22, 24
物体の長さ	D2	4, 15, 18, 21, 22, 24	B1, B2, B3, B4	3, 5, 7, 8, 18, 22	3, 5, 6, 7, 21, 24	5, 9, 21	4, 5, 7, 8	1, 6, 21, 24	1, 3, 4, 6, 8, 9, 21, 22	1, 4, 13, 15, 21, 22, 24	8, 16, 22, 24, 25	12, 16
物体の面積	D3	1, 4, 5, 6, 7, 19, 22	3, 4, 5, 6, 8, 22, 25	B1, B2, B3, B4	3, 5, 6, 7	4, 5, 15, 19	1, 19, 22, 24	4, 8, 22, 24	2, 4, 5, 15	6, 16, 18, 22	1, 10, 22, 24, 25	9, 16, 22
物体の体積	D4	1, 4, 6, 8, 18, 22, 24	1, 3, 5, 6, 21, 22, 24	1, 3, 5, 7	B1, B2, B3, B4	4, 5, 15, 25	1, 22, 24	4, 24, 25	1, 3, 4, 5, 22, 24	3, 7, 6, 8, 22	4, 5, 8, 15, 22, 24, 25	1, 8, 9
速度	D5	1, 4, 9, 25	6, 9, 21	4, 15, 19	3, 4, 15	B1, B2, B3, B4	4, 18, 22, 25	15, 22, 24	4, 6, 16, 21	1, 4, 19, 24	8, 9, 22	
力	D6	1, 4, 9, 21, 22, 24	1, 4, 7, 8, 22, 24	1, 8, 22, 24	1, 22, 24	4, 9, 21, 22	B1, B2, B3, B4	8, 22, 23	6, 8, 15, 18, 24	6, 8, 13, 24	8, 23, 24	1, 4, 9, 12, 22, 24
応力または圧力	D7	4, 8, 9, 18, 22, 24	1, 6, 8, 10, 24	4, 8, 22, 24	4, 8, 15, 24	4, 24		B1, B2, B3, B4	5, 8, 18, 24	8, 16, 22, 24, 25	1, 22, 24	14, 21, 24, 25
形状	D8	4, 8, 16, 18, 21, 22	2, 3, 4, 5, 6, 8, 9, 15	2, 5, 8, 15	1, 3, 5, 6, 14, 22, 24	15, 22, 24	8, 18, 24	6, 8, 15, 22	B1, B2, B3, B4	6, 8, 18, 19	6, 14, 16, 22	9, 16, 22
強度	D9	1, 4, 13, 18, 21, 22	1, 4, 6, 21, 22	4, 8, 15, 16, 18	3, 6, 7, 8, 22	4, 6, 9, 21	6, 8, 16, 22	8, 16, 18, 22	8, 18, 19, 24	B1, B2, B3, B4	8, 18, 19	22, 24
温度	D10	4, 14, 16, 24, 25	8, 22	16, 22, 24, 25	4, 5, 15, 18, 22, 24, 25	1, 4, 19, 24	8, 16, 23, 24	1, 22, 24, 25	6, 14, 16, 22	8, 14, 18, 24	B1, B2, B3, B4	10, 16, 19, 23
輝度	D11	1, 16, 22, 24	10, 16, 22	4, 16, 22	1, 8, 9	8, 9, 22	4, 22	8, 19, 21, 24	16, 19	22, 24	16, 22, 24	B1, B2, B3, B4

設計段階 → 「新矛盾マトリックス2（設計）」の活用

例えば重さ・長さ・速度・力・温度などといった、具体的な実現手段に関する課題が中心になる

具体的な実現手段（DP：設計パラメータ）

- D1：物体の質量（対象となる製品や部品などの測定された重さ）
- D2：物体の長さ（対象となる製品や部品などの一次元の測定された線）
- D3：物体の面積（対象となる製品や部品などの表面積や内部の面積）
- D4：物体の体積（対象となる製品や部品などの体積：立方体）
- D5：速度（対象となる物体の速度）
- D6：力（対象となる物体の条件を変更することを意図したすべての相互作用）
- D7：応力・圧力（対象となる物体の単位面積当たりの力や張力）
- D8：形状（対象となる物体やシステムの外部輪郭や外観）
- D9：強度（対象となる物体が力に応じた変化力に抵抗できる範囲．破壊力に対する抵抗力）
- D10：温度（対象となる物体やシステムの温度状況）
- D11：輝度（対象となる物体やシステムの単位当たりの光の流量（光量）や照度，光特性など）

図4.3 「新矛盾マトリックス2（設計）」と設計パラメータ（D1～D11）

第4章 新矛盾マトリックスの活用方法

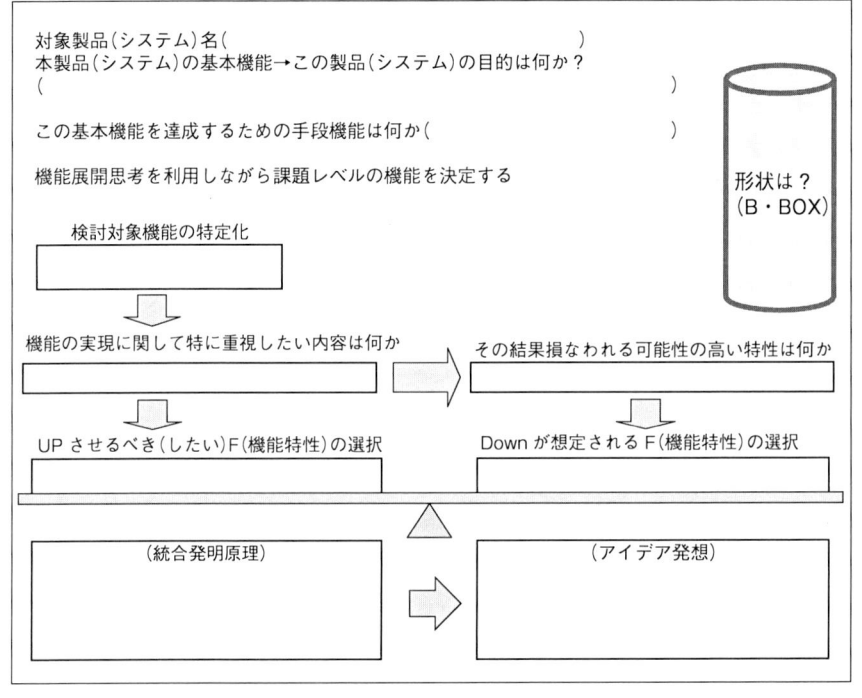

```
対象製品(システム)名(                                    )
本製品(システム)の基本機能→この製品(システム)の目的は何か？
(                                                        )
この基本機能を達成するための手段機能は何か(              )

機能展開思考を利用しながら課題レベルの機能を決定する              形状は？
                                                                (B・BOX)
┌─────────────────────┐
│ 検討対象機能の特定化 │
│                     │
└─────────────────────┘
          ↓
┌─────────────────────────────────┐      ┌─────────────────────────────────┐
│機能の実現に関して特に重視したい内容は何か│  ⇒  │その結果損なわれる可能性の高い特性は何か│
└─────────────────────────────────┘      └─────────────────────────────────┘
          ↓                                       ↓
┌─────────────────────────────────┐      ┌─────────────────────────────────┐
│UPさせるべき(したい)F(機能特性)の選択│      │Downが想定されるF(機能特性)の選択│
└─────────────────────────────────┘      └─────────────────────────────────┘
                           △
┌─────────────────────┐      ┌─────────────────────┐
│   (統合発明原理)    │  ⇒  │   (アイデア発想)    │
└─────────────────────┘      └─────────────────────┘
```

図4.4 「新矛盾マトリックス1(機能)」向けワークシート

　しかし時と場合によっては，2つのパラメータ間の矛盾だと思っていた事が，よく考えてみたら，現時点ではむしろある片方のパラメータの方が重要で，そのパラメータで反対要件が同時に要求されていることがより重要な課題なのではないかと気づく場合もある．このような思考に至るプロセスでは，決して2つの矛盾(技術的矛盾と物理的矛盾)は別次元の話ではなくなる．
　例えば，パソコンの進化の例で考えてみよう(図4.6)．
　このパソコンのケースのように，製品自体は時代の流れと技術の進歩によって常に進化していくので，その状況によっては，技術的矛盾から物理的矛盾へ変換されて，こちらの矛盾解決の方がより重要な課題になる場合もあることを

4.2 新矛盾マトリックスの活用フロー

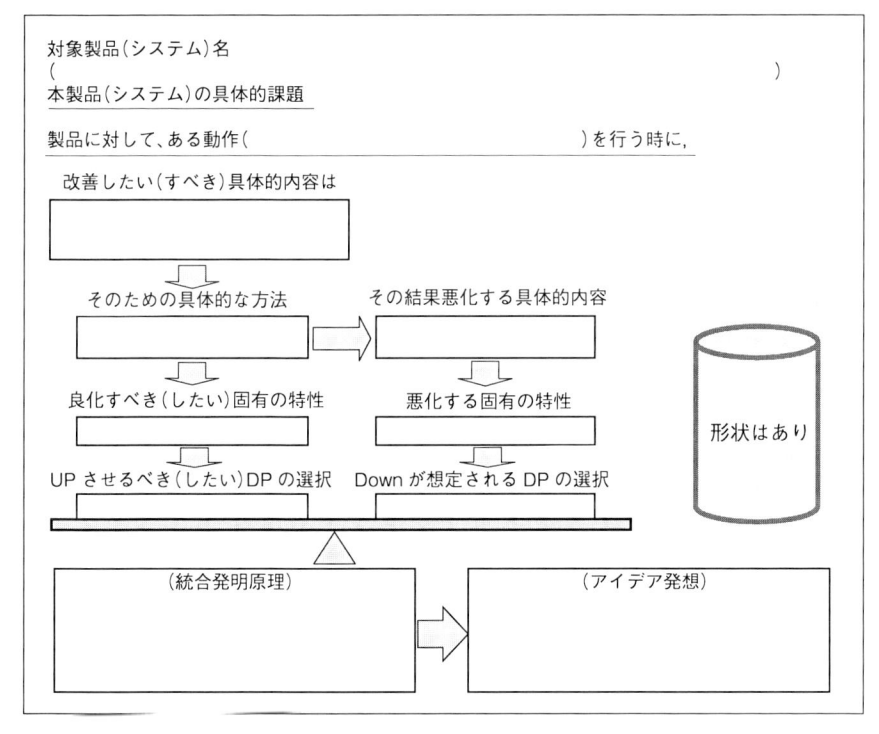

対象製品(システム)名
(   )
本製品(システム)の具体的課題

製品に対して、ある動作(   )を行う時に、

改善したい(すべき)具体的内容は
[　　　　　　　　　　　　]

　　↓
そのための具体的な方法　　　　　その結果悪化する具体的内容
[　　　　　　　　　]　→　[　　　　　　　　　]
　　↓　　　　　　　　　　　↓
良化すべき(したい)固有の特性　　悪化する固有の特性
[　　　　　　　　　]　　　[　　　　　　　　　]
　　↓　　　　　　　　　　　↓
UP させるべき(したい)DP の選択　Down が想定される DP の選択

形状はあり

(統合発明原理)　　　　　　　(アイデア発想)
[　　　　　　　]　→　[　　　　　　　　]

図 4.5 「新矛盾マトリックス 2(設計)」向けワークシート

理解してほしい．したがって，2つのタイプの新矛盾マトリックスでは，パソコンのケースのような思考プロセスにも対処できるように，一連の課題設定プロセスの中で扱う方が効果的であると判断し，物理的矛盾を「新矛盾マトリックス」の対角線上にあえて配置したというわけである．

なお，最後に，物理的矛盾解決の観点と分離の法則(B1～B4)について，図4.7に整理しておく．

第4章 新矛盾マトリックスの活用方法

```
┌─────────────────────────────────────────────┐
│ デスクトップパソコン：特に本体が重い事は問題にならない │
└─────────────────────────────────────────────┘
┌─────────────────────────────────────────────────────┐
│ ラップパソコン：持ち運ぶためには⇒軽くあってほしい（パラメータA） │
│ しかしこのままでは⇒本体の強度が下がりそうである（パラメータB）  │
└─────────────────────────────────────────────────────┘
          ↓
┌─────────────────────────────────────────┐
│ 2つのパラメータ間の矛盾発生（技術的矛盾の定義） │
└─────────────────────────────────────────┘
          ↓
┌───────────────────────────────────────────┐
│ 技術的矛盾への解決の努力：モバイルパソコンの誕生 │
└───────────────────────────────────────────┘
┌─────────────────────────────────────────────┐
│ 片方のパラメータAの方が"ある時点"での注目ポイントに！ │
└─────────────────────────────────────────────┘
┌──────────────────────────────────────────────────────────┐
│ モバイルパソコン：出張先に持ち運ぶには⇒さらに軽くあってほしい（パラメータA−） │
│ しかし⇒オフィスで使うには、むしろ少し重い方が安定する（パラメータA＋）       │
└──────────────────────────────────────────────────────────┘
┌───────────────────────────────────────┐
│ パラメータAの反対要件の出現（物理的矛盾の定義） │
└───────────────────────────────────────┘
┌────────────────────────────────────────────────────┐
│ 時間による分離の適用：出張先への持ちこみ時は，DVDドライブユニットを外す方式 │
└────────────────────────────────────────────────────┘
```

図4.6　「技術的矛盾」から「物理的矛盾」への変換プロセス例（パソコンの場合）

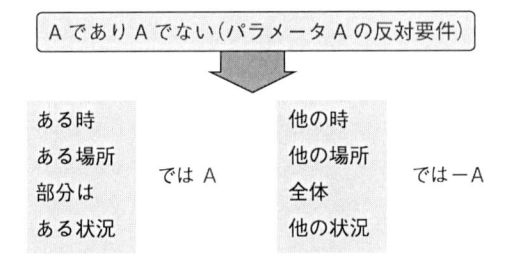

```
┌─────────────────────────────────┐
│ AでありAでない（パラメータAの反対要件） │
└─────────────────────────────────┘
                ↓
   ある時              他の時
   ある場所    ではA    他の場所    では−A
   部分は              全体
   ある状況            他の状況
```

「新矛盾マトリックス」の対角線上のB1～B4は物理的矛盾に応じた4つの解決策（分離の法則）である
B1：時間による分離　　　－異なる時間上で分離する
B2：空間による分離　　　－異なる空間上で分離する
B3：部分と全体の分離　　－部分と全体で分離する
B4：状況による分離　　　－異なる状況で分離する

図4.7　物理的矛盾解決の観点と分離の法則

4.3 新矛盾マトリックスの活用事例

本節では，G. アルトシュラー版「矛盾マトリックス」を実際に活用して開発した「ポータブルトイレ」を最初の事例として紹介する．なお，本事例に対しては，本書で提唱する「新矛盾マトリックス」の適用を試みている．

また，もう1つの事例は，G. アルトシュラー版「矛盾マトリックス」を適用して開発された製品ではないが，最近製品化されてその革新性が注目されている「蒸気レス炊飯器」に対して，「新矛盾マトリックス」の適用を試みたケースである．

なお，両事例の適用結果から，具体的に「新矛盾マトリックス」の有効性を検証できたといえる．

(1) 事例1　高齢者向け高級ポータブルトイレの開発

事例1では，積水化学工業㈱グループで2002年頃にTRIZ手法やVE手法を適用して開発した製品を紹介する．主に前半部分では，「社会変化分析」（マクロ環境分析）や「各種技術進化の法則」（TRIZ手法の1つ）を用いて高齢者向けの次世代ポータブルトイレの未来シナリオを検討，後半部分では未来シナリオを基に要求機能分析を行っている．なお，要求機能の達成アイデアを検討する段階で，G. アルトシュラー版の「矛盾マトリックス」を活用し，技術矛盾を解決しているので，本事例では，この部分に限定して紹介することにしたい．

ポータブルトイレの開発過程で，当初，肘掛部は固定式であったが，利用者の利便性を考えて，高さの調節機能を検討することになった．その部分を示したのが図4.8である．そして，調整式に変更したことによって，高さ変更後に固定する手段として，図4.9に示すようなロック機構を採用している．しかし，ロック機能を検討する過程で，操作性を容易にしようとすると，ロック機能が重くなる可能性があるのではないかという1つの技術矛盾が想定された．この技術矛盾を解決する手段としてG. アルトシュラー版「矛盾マトリックス」

86　第4章　新矛盾マトリックスの活用方法

肘掛け部の具体化の検討へ

ダイナミズムと制御性が高まる方向への進化
（固定式→調整式）

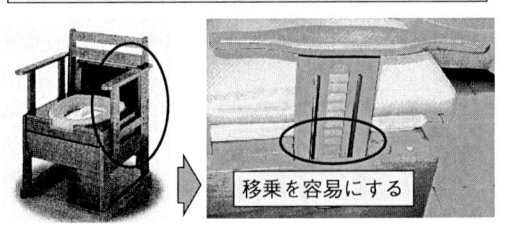

図4.8　肘掛け部の改善視点（固定式→調整式）

肘掛け高さを調整する　　　W Lockにて不意の落下防止

固定　　　解除　　　板バネ

技術的矛盾マトリックス表

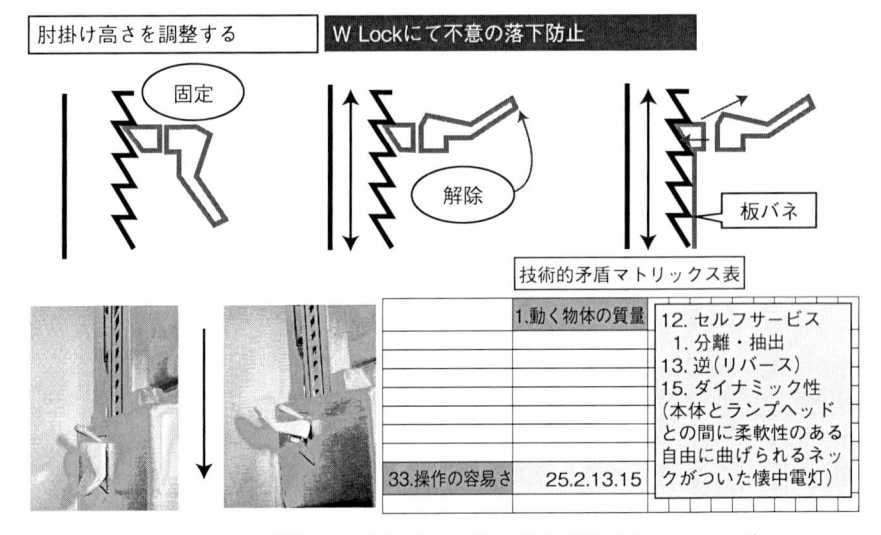

	1.動く物体の質量	12. セルフサービス 1. 分離・抽出 13. 逆（リバース） 15. ダイナミック性 （本体とランプヘッドとの間に柔軟性のある自由に曲げられるネックがついた懐中電灯）
33.操作の容易さ	25.2.13.15	

図4.9　ロック機能の技術矛盾の定義とその解決案（Wロック式）

を活用し，結果的にWロック方式が発想されたのである．

　なお本書では，このWロック方式にストッパー部の落下防止として板バネを採用した根拠の検証と，Wロック方式以外の方式の可能性も検討するため

4.3 新矛盾マトリックスの活用事例　87

に，さらに「新矛盾マトリックス」の適用も試みた．
　まずは，「新矛盾マトリックス2(設計)」を適用したケースを紹介する．このケースでは，Wロック方式で導かれた「板バネ案」が，このマトリックスから違和感なく合理的に導ける可能性があるのかどうかを検証した．その一連のプロセスと結果は，図4.10に示す通りである．
　肘掛部でWロック機構に「板バネ」を必要とするための技術矛盾を，"操作時に加える力の改善"に対する"Wロック機構のストッパー部の落下問題"という視点で把握し，この技術矛盾を解決するための「統合発明原理」を導いた．その結果，「8. 未然防止原理」と「16. 局所性質原理」の「統合発明原理」

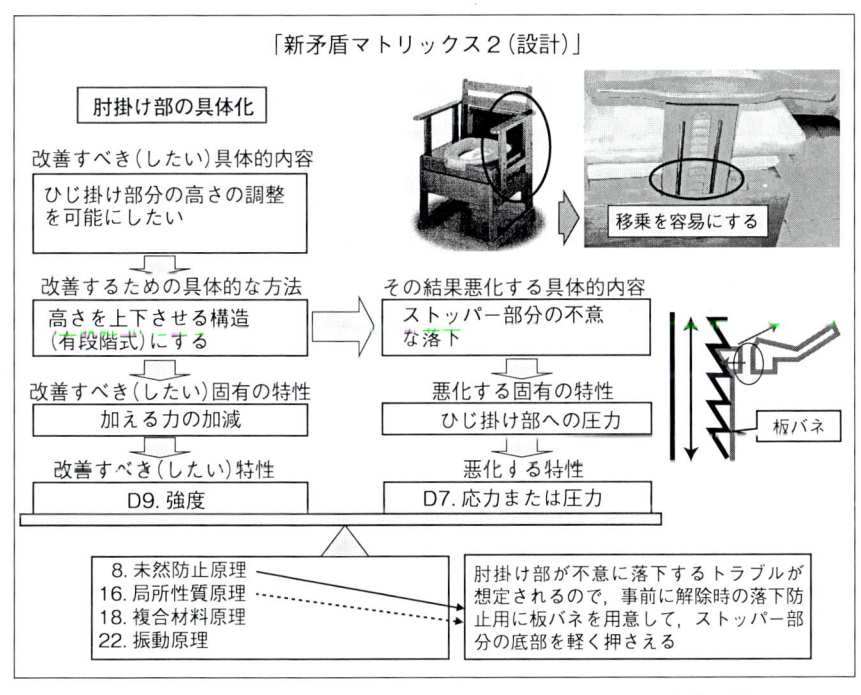

図4.10　「新矛盾マトリックス2(設計)」によるWロック機構の検証

から板バネ的なアイデア発想は十分可能(図4.10),との感触を得た.
　具体的に説明すると,肘掛け部が不意に落下するトラブルを前もって想定し,事前に解除の落下防止を防ぐための板バネを準備するアイデアは「統合発明原理」の「8. 未然防止原理」から無理なく発想できたということである.また,準備された板バネは,ストッパーの底部のみを押えればよいわけであるから,これはストッパー部の底部を「16. 局所性質原理」に類比させて発想することも可能であろうという解釈である.しかし,残りの2つの「統合発明原理」である「18. 複合材料原理」,「22. 振動原理」からはWロック機構の矛盾解決に絡むアイデア発想はできなかった.このように,導かれたすべての「統合発明原理」がいつもアイデア発想に役立つとは限らない.しかし導かれたすべての「統合発明原理」を活用できれば,矛盾解決に有効なアイデア数が増えるため,常にセルの中の「統合発明原理」すべてを活用しようとする姿勢は重要である.
　このような背景を勘案しつつ,「新矛盾マトリックス2(設計)」の事例1に対するその適用効果を検証すると,他のアイデアの可能性も十分あり得るとは思う.しかし,このマトリックスは設計的視点からの検討であるため,基本的な形状コンセプトは変更しないとの前提で検証している.したがって,このマトリックスを活用して「板バネ案」にたどり着く可能性が十分高いという結論を得たことで,その有効性は確認できたといえる.
　次に,「新矛盾マトリックス表1(機能)」を肘掛部のロック機構に適用した検証事例を紹介する.このマトリックスでは,形状はまだ意識しない段階での適用が多い事を想定し,このWロック方式以外のアイデアが発想される可能性もないかどうかの観点から検証を試みる.
　「新矛盾マトリックス1(機能)」を活用する段階では,移乗するために肘掛部の高さの調節機能は必要と考えるが,構造自体はまだブラック・ボックス状態と想定している.このような背景から,この段階での技術矛盾を"高さを簡単に上下させるための操作性"に対する"肘掛部への過度な負荷"という視点で捉え,この技術矛盾を解決するための「統合発明原理」を導いた.なお,

4.3 新矛盾マトリックスの活用事例　89

この技術矛盾に対応する「統合発明原理」は10個あるが，その中で3つがアイデア発想に活用でき，さらにそのうちの2つの「16. 局所性質原理」と「21. つりあい原理」からのアイデアの合体案として「ショックアブソーバなどによる無段階上下構造」が発想できることが判明した．具体的にいうと，肘掛部のスライドさせる部分のみ"異質な方式"として，例えば"無段階式の高さ調節タイプ"(有段階式のWロック機構とは別方式)というアイデアを発想すること

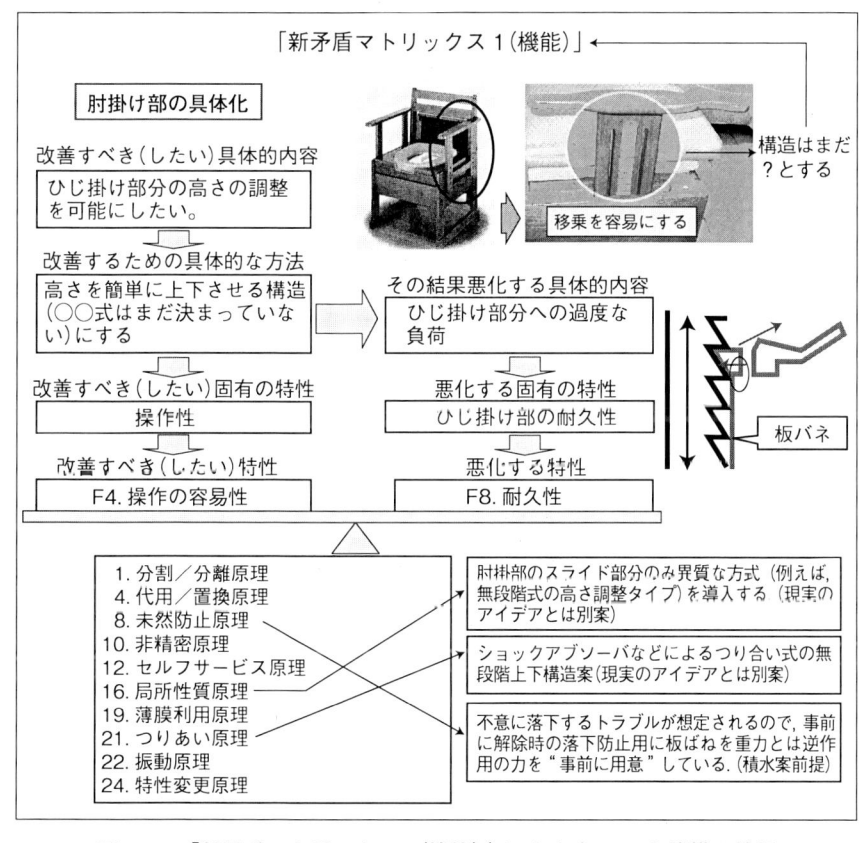

図4.11　「新矛盾マトリックス1(機能)」によるWロック機構の検証

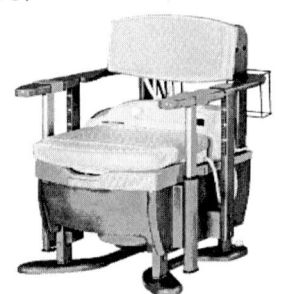

ができ，これは「16. 局所性質原理」から導くことができる．

また，「21. つりあい原理」からは，対象物体の重力を空気力学的あるいは流体力学的な力を使って相互作用を相殺させる"ショックアブソーバ"のアイデア発想が可能である．つまりこの2つのアイデアの合体によって，「ショックアブソーバなどによる無段階上下構造」が導けるのである．これは「Wロック機構」とは全く違う性質のアイデアである．したがって，「新矛盾マトリックス」の利用で，現状案とは違う方式を導くことも十分可能であることが検証できた（図4.11）．

ただし，このケースでは他に「4. 代用／置換原理」，「12. セルフサービス原理」，「1. 分割／分離原理」，「10. 非精密原理」，「24. 特性変更原理」，「19. 薄膜利用原理」，「22. 振動原理」の7つの「統合発明原理」も残っているので，可能な限り他のアイデア発想の可能性を検討することはいうまでもない．なお，事例1では「8. 未然防止原理」から，前述したWロック機構にアイデアを発想できたが，他の4つからは今回は有効なアイデアは発想できていない．

図4.12 ポータブルトイレのその後（最新方式）

その後，この製品はパナソニック㈱グループに製造・販売権などが移り，最近は図4.12に示すような製品に洗練化されている．この中で実際に肘掛部の昇降タイプが無段階式に近い形になっており，「ショックアブソーバなどによる無段階上下構造」のアイデアに概ね近い形が実現されているのは興味深い点である．

(2) 事例2　蒸気レス炊飯器の開発[12],[16],[17]

炊飯器は日本独自の家電の1つであり，「電気炊飯器→ジャー兼用炊飯器→マイコン制御炊飯器→IH炊飯器」のような流れで常に進化してきた歴史(図4.13)がある．

このような中で，2006年にM社は本格的なかまど炊き機能の実現で高級炊飯市場を切り開いている．この製品は，内釜に本炭釜を採用し，伝統的なかまどのおいしさを電気炊飯器で実現したある意味で"究極の完成版"とも思えるものである．しかし，M社は，さらなる革新を求めて，2009年に「蒸気レス炊飯器」を開発したのである．これは"おいしいご飯を炊く"に対する"蒸気による湿気やにおいが増す"を当たり前(常識)とは考えず，現在の機密性の高いマンションが増えた都市部ではこれは「技術矛盾」であると捉えて，次世代炊飯器を開発した点が斬新である．この製品コンセプトに対して，2つのタイプの「新矛盾マトリックス」を適用し，その有効性を検証してみたい．

この蒸気レス炊飯器の基本的な特徴は，「蒸気を炊飯器内に封じ込める密封構造(水冷蒸気回収システム)」(図4.14)の採用である．具体的には釜の中で発生した蒸気を冷やして水に戻す方式であり，冷やす方式はタンクにためた冷却水を使う"水冷式"である．また，「おいしいご飯を実現」するために，蒸気に含まれるうまみ成分である"おねば"だけを水と分離させて，"おねば"のみをご飯にもどすようになり，「技術矛盾(おいしさVS蒸気レス)の解決」が実現された．

では，2つのタイプの「新矛盾マトリックス」を活用して，同じようなアイデアが発想できるか否かについて検証してみよう．

92　第4章　新矛盾マトリックスの活用方法

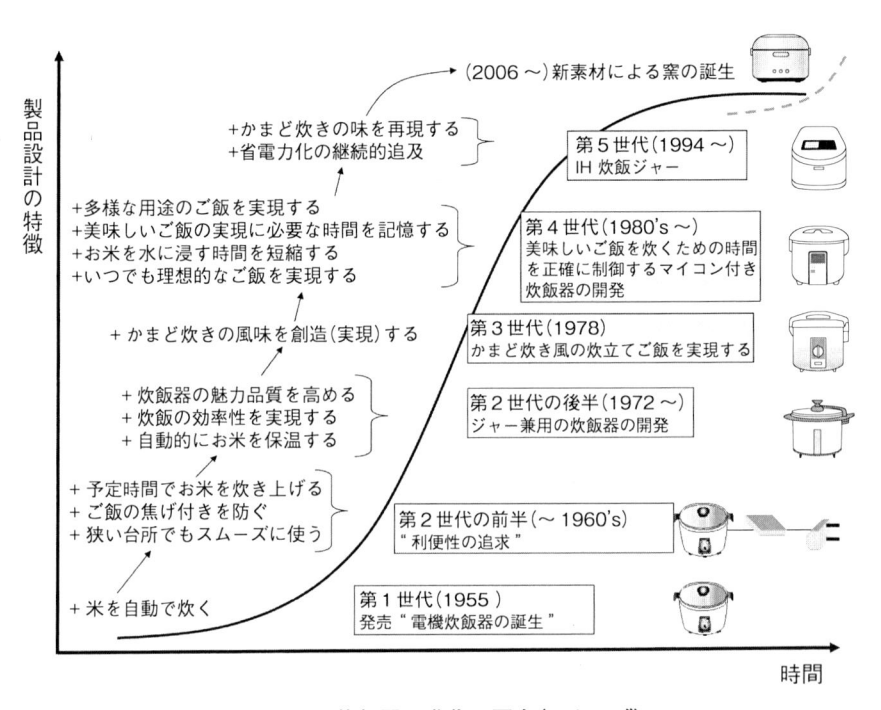

製品設計の特徴

- ＋米を自動で炊く
- ＋予定時間でお米を炊き上げる
- ＋ご飯の焦げ付きを防ぐ
- ＋狭い台所でもスムーズに使う
- ＋炊飯器の魅力品質を高める
- ＋炊飯の効率性を実現する
- ＋自動的にお米を保温する
- ＋かまど炊きの風味を創造(実現)する
- ＋多様な用途のご飯を実現する
- ＋美味しいご飯の実現に必要な時間を記憶する
- ＋お米を水に浸す時間を短縮する
- ＋いつでも理想的なご飯を実現する
- ＋かまど炊きの味を再現する
- ＋省電力化の継続的追及

第1世代(1955)　発売"電機炊飯器の誕生"

第2世代の前半(〜1960's)　"利便性の追求"

第2世代の後半(1972〜)　ジャー兼用の炊飯器の開発

第3世代(1978)　かまど炊き風の炊立てご飯を実現する

第4世代(1980's〜)　美味しいご飯を炊くための時間を正確に制御するマイコン付き炊飯器の開発

第5世代(1994〜)　IH炊飯ジャー

(2006〜)新素材による窯の誕生

時間

図4.13　炊飯器の進化の歴史(Sカーブ)

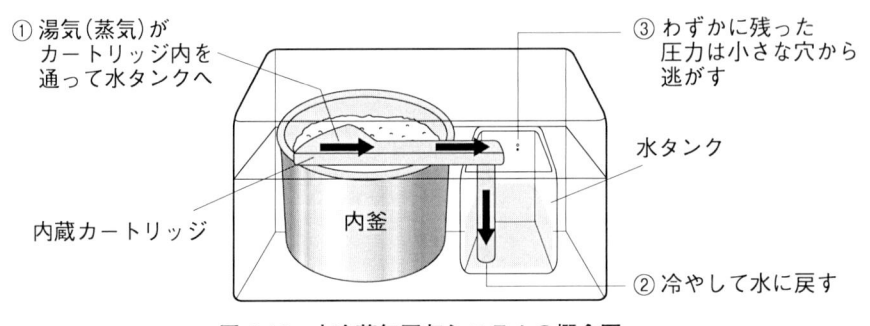

① 湯気(蒸気)がカートリッジ内を通って水タンクへ

③ わずかに残った圧力は小さな穴から逃がす

内蔵カートリッジ

内釜

水タンク

② 冷やして水に戻す

図4.14　水冷蒸気回収システムの概念図

4.3 新矛盾マトリックスの活用事例

「新矛盾マトリックス1(機能)」を活用したケースと,「新矛盾マトリックス2(設計)」を活用したケースの2つの結果は以下の通りである.

まず,機能視点の方であるが,"火力を維持する"に対して"カニ穴(水蒸気の通り道)がなくなる"を具体的な技術矛盾と捉えて,最後に「エネルギーの量／損失(F13)VS適応性／融通性(F7)」を当てはめて,5つの「統合発明原理」を導いている.このうち「10. 非精密原理」や「9. 逆発想原理」は,実際の方式と類似するアイデアに行き着く可能性が高いと思われる(図4.15).

次に,ある程度形状が定まった時点での活用が想定されている「新矛盾マトリックス2(設計)」を当てはめた場合の有効性について述べる.

このケースでも具体的な矛盾は"火力を維持する"に対して"カニ穴(水蒸気の通り道)がなくなる"として捉えたが,その後の当てはめの矛盾では,「温度(D10)VS圧力(D7)」に変換して,4つの統合発明原理が導かれた.特にこの中でも,「24. 特性変更原理」,「25. 仲介原理」,「1. 分割／分離原理」から,水冷蒸気回収システムに関するアイデアが自然に導ける感触を得た(図4.16).

事例2に関しては,ある程度"水冷蒸気回収システムの基本構造が明らかである"との前提を置いて,「新矛盾マトリックス2(設計)」を活用した方が,やや当てはめがよかったと思われる.しかし,いずれの場合も違和感なく類似のアイデアに到達できたので,2つのタイプの「新矛盾マトリックス」は十分実務面で活用できるという感触を得ることができた.

94　第4章　新矛盾マトリックスの活用方法

「新矛盾マトリックス1（機能）」

対象システム：蒸気レスIH炊飯器（M社　蒸気レス炊飯器）

顕在化できる技術的矛盾を的確に把握して，その技術的矛盾を妥協なしに解決できる革新的方法（イノベーション）を検討する．→場合によっては，革新的イノベーションになり，次世代Sカーブの創造につながる．

ある操作（技術システムのある動作）：炊飯器のご飯をおいしく炊こうとする時，

良化すべき（したい）具体的内容
| 蒸気を蒸気口から出すことなしに，美味しいご飯を炊きたい |

良化するための具体的な方法　　　　　　その結果悪化する具体的内容
| 火力を絞って蒸気を減らす | → | ご飯のうまみがなくなる |

良化すべき（したい）固有の特性　　　　悪化する固有の特性
| 火力を維持する |　　　| カニ穴（水蒸気の通り道）が消える |

良化すべき（したい）特性　　　　　　　悪化する特性
| F13 エネルギーの量／損失 |　　| F7 適応性／融通性 |

（統合発明原理）
7. 他次元移行原理
9. 逆発想原理 ･･････････
10. 非精密原理
15. 排除／再生原理
22. 振動原理

| 内釜からでる水蒸気を水とおねばに分離させて，水のみ内蔵カートリッジを通して，水タンクへ戻す |

| 微量の残った水蒸気を水タンクの小さな穴から逃がす |

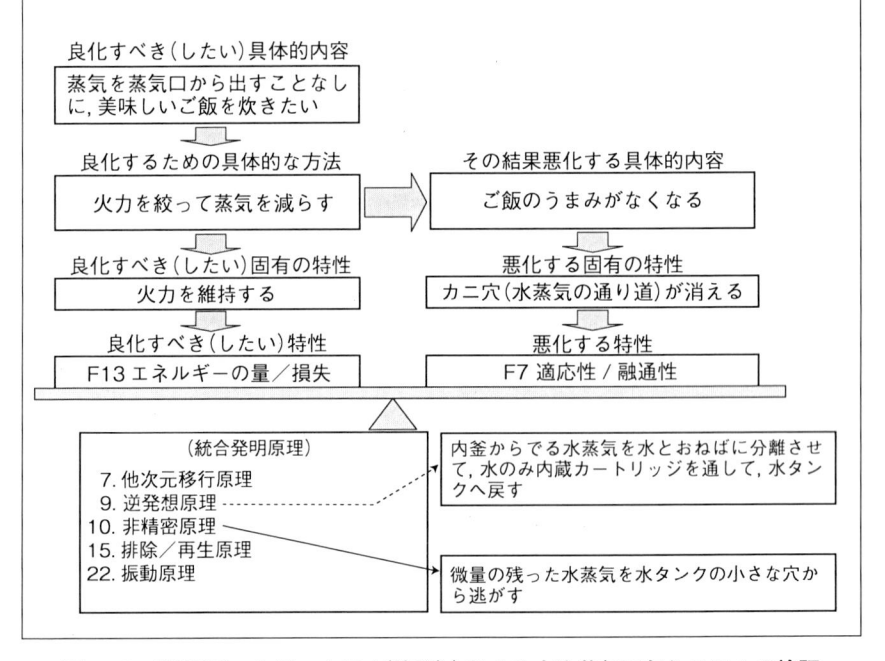

図4.15　「新矛盾マトリックス1（機能）」による水冷蒸気回収システムの検証

4.3 新矛盾マトリックスの活用事例　95

「新矛盾マトリックス2（設計）」

対象システム：蒸気レスIH炊飯器（M社　蒸気レス炊飯器）

顕在化できる技術的矛盾を的確に把握して，その技術的矛盾を妥協なしに解決できる革新的方法（イノベーション）を検討する．→場合によっては、革新的イノベーションになり，次世代Sカーブの創造につながる．

ある操作（技術システムのある動作）：炊飯器のご飯をおいしく炊こうとする時，

良化すべき（したい）具体的内容
蒸気を蒸気口から出すことなしに，美味しいご飯を炊きたい

良化するための具体的な方法　　　　　その結果悪化する具体的内容
火力を絞って蒸気を減らす　　　　　　ご飯のうまみがなくなる

良化すべき（したい）固有の特性　　　悪化する固有の特性
火力を維持する　　　　　　　　　　　カニ穴（水蒸気の通り道）が消える

良化すべき（したい）特性　　　　　　悪化する特性　　　　　当てはめが
D10 温度　　　　　　　　　　　　　　D7 圧力　　　　　　　　ベター

（統合発明原理）
1. 分割／分離原理
22. 振動原理
24. 特性変更原理
25. 仲介原理

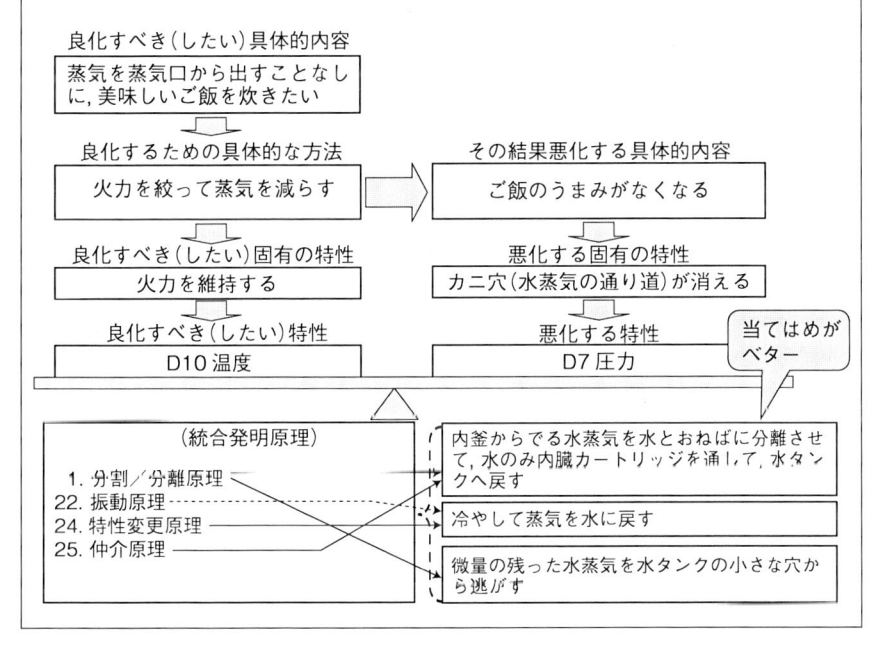

内釜からでる水蒸気を水とおねばに分離させて，水のみ内臓カートリッジを通して，水タンクへ戻す

冷やして蒸気を水に戻す

微量の残った水蒸気を水タンクの小さな穴から逃がす

図4.16　「新矛盾マトリックス2（設計）」による水冷蒸気回収システムの検証

第5章

革新的課題解決法の適用事例

5.1 無縫製コンピュータ横編機及びデザインシステムを活用したニット製品の高度生産方式の開発：㈱島精機製作所 [18]

(1) 製品の問題点と開発の概要
1) 本技術の概要

　セーター等のニットウェアは，身頃・袖・襟などの部品をニット編み地から裁断あるいは成形編み機で作った後，縫い合わせて仕上げていたのに対し，本技術は㈱島精機製作所が開発した全自動手袋編機を基に，それをセーター等のニットウェア製品を編機上で一着作る機械に適応した．
セーター身頃の前後一対を備えた，いわゆる2枚ベッド横編み機で前側と後ろ側の編地を編み，それをベラ針（図5.1）と呼ばれるもので目移しをさせながら螺旋状に周回編成させセーターを一着丸ごと編成する技術「無縫製コンピュータ横編機及びデザインシステムを活用したニット製品の高度生産方式」を開発した．

2) 研究開発の背景と目標

　従来のニットウェア製品は，それぞれの部品をニット編み地から裁断あるい

スライドニードル® 　5ゲージ

ベラ針　5ゲージ

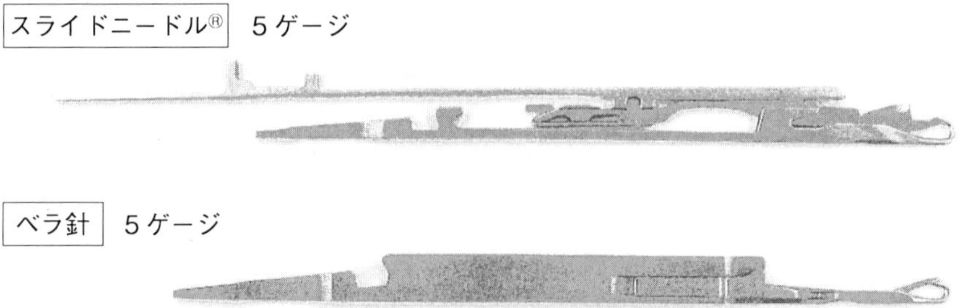

図5.1　原寸大のスライドニードル®（上）と従来のベラ針（下）

(出典)　㈱島精機製作所：「無縫製コンピュータ横編機およびデザインシステムを活用したニット製品の高度生産方式の開発」，『大河内賞受賞業績報告書　第53回（平成18年度）』，大河内記念会，p.6.

は成形編み機により得た後,縫い合わせて仕上げていた.この方法の問題点としては,

- ニット製品に縫い目ができてしまうこと,つまりニット特有の伸縮性が損なわれること
- 縫製工程を経ることでリードタイムが長くなること
- 裁断によるカットロス→コストアップや廃棄に伴う環境影響があること
- 縫い目が見えてしまったり,美しいラインが出せないこと

などが挙げられる.

3) 技術開発の主な内容

そこで,縫製作業を必要としないニットウェア製品が編成可能な「無縫製コンピュータ横編機及びデザインシステムを活用したニット製品の高度生産方式の開発」を行ってきた.

しかし,この画期的な方法にもかかわらず,すぐには普及しなかった.もっと使いやすく繊細な編地を作り出す必要があった.そのために,2枚ベッド横編機の前後ベッドの上部にさらに一対のベッドを備えた4枚ベッド横編機を開発した.4枚ベッド横編機により,リブの裏目形成や目移しを行うのに上部ベッドの針を使用でき,2枚ベッド横編機の際にあった針の使用制限を回避することができるようになった.また,隣り合った針に係止されるループを短くでき,良質で繊細で軽いニットウェアを編成できるようになるというメリットが得られた.キャリッジが編糸を連れてニードルベッド上を左右に往復走行することで編糸をニードルベッドの各針に供給し,かつ同時にキャリッジで針を進退操作することで編糸を喰わえて編目を順次形成して編地が編み立てられる.これらのハードの改良と同時にソフト面の開発も推進し,モノづくりに必要な機能を All in ONE で搭載し,短納期・省コストを実現した「SDS-ONE」を開発した.

また,従来使用されてきたベラ針に代えて,2枚組みのスライダーが針のフックを越えて進出するようにしたスライドニードルを開発した(図5.1).

これにより，以下のことが可能になった．
- 目移しのための針の進退ストロークを小さくできる
  →糸に対して負荷が小さくできた(糸にやさしい)
  →装置の小型化ができた
- 針のフックを針溝のセンターに配置できる
  →左右対称のループが作れ，高品質できれいな編み地が作れる
- スライドニードルで糸の編成行動種類が増やせる
  →デザインバリエーションが増える
- フックへの負荷が小さいため，フック先端外径を小さくできる
  →より細かな編み目が得られる

本事例にはハード面だけではなく，それを使いこなすためのデザインシステムなどのソフト面の開発も行われ，トータルのシステムとして組み上げられているが，ここではハード面の細部やソフト面については割愛し，代表的な点について紹介する．

(2) 革新的課題解決法の適用

上記の「ニット製品の高度生産方式の開発」には非常に多くの開発・改良が行われているが，特に以下の主要課題4点が必要であった．これらについて本書の「革新的課題解決法」の観点で考えてアイデアが生まれるかどうかの検証を行った．
- 課題1：縫製によるニットウェア製造の課題
- 課題2：2枚ベッド方式の自動横編み機の課題
- 課題3-①：編み針の課題①　ベラ針(ラッチニードル)と呼ばれる編み針の進退スクロール
- 課題3-②：編み針の課題②　ベラ針のフックへの負荷

1) 課題1：縫製によるニットウェア製造の課題

ニットウェアを縫製(身頃・袖・襟などのそれぞれの部品を縫い合わせること)

5.1 無縫製コンピュータ横編機及びデザインシステムを活用した
ニット製品の高度生産方式の開発：㈱島精機製作所

で製造するという従来の方法について，それを「矛盾」という観点で捉えてみると以下のようになる．

　縫製によるニットウェア製造の良い点は容易に作ることができるということであるが，一方で縫製の最大の問題点はニット製品に縫い目ができてしまうことであり，それによってニット特有の伸縮性が損なわれてしまうことにある．すなわち，縫製という方法で容易にニットウェアを作ろうとすると，ニットの伸縮性が失われてしまうという矛盾に直面する．これを革新的課題解決法に沿って考えを進める．

〈第1ステップ〉
　(a) 良い点は何か→容易にニットウェアを作ることができる
　(b) その時起こる悪い点は何か→ニット特有の伸縮性が損なわれてしまうという矛盾を考える．

〈第2ステップ〉
　(a)と(b)をそれぞれ，「良化するパラメータ」，「悪化するパラメータ」に置き換える．この矛盾は機能のパラメータを扱うことなので，表3.8を適用する．
　(a) 良い点は何か→容易にニットウェアを作ることができる
　　　　　　　　　→製造の容易性 → F9
　(b) その時起こる悪い点は何か→ニット特有の伸縮性が損なわれてしまう
　　　　　　　　　→適応性→ F7

〈第3ステップ〉
　「新矛盾マトリックス1(機能)」を用いて統合発明原理を導く．「F9 製造の容易性」と「F7 適応性／融通性」から，次の5つの統合発明原理が導かれる．
　　1：分割／分離原理
　　4：代用／置換原理
　　9：逆発想原理
　　22：振動原理
　　24：特性変更原理

〈第4ステップ〉

導かれた統合発明原理から着想される事がらの中に，優れた発明に通じるものが含まれる確率が高い．ここでは，統合発明原理9「逆発想原理」が無縫製ニットウェアの考えに結びつくものである．統合発明原理9の中のサブ原理①「問題の仕様によって指示されている作用の代わりに逆の作用を行う」を適用すると，切ったモノ(部材)を繋ぐ(縫製する)のではなく，最初から連続させておくというアイデアが出てくる．このように無縫製という本発明の基本に関わることが出てくる．

　この発明の良いところは，最大問題の「ニット製品に縫い目ができてしまうこと」にフォーカスを当てていることである(実際には手袋編み機があることを前提に考えていたかもしれないが)．最初に大きな観点の問題を取り上げずに，個々の問題を取り上げていると以下のような対応を考えてしまいかねない．

- ニット特有の伸縮性が損なわれる
  →伸縮性を保った縫製方法
- リードタイムが長くなる
  →時間短縮の方法
- 裁断によるカットロス(コストアップや廃棄に伴う環境影響)
  →カットロスの少ないカット方法
- 縫い目が見えてしまったり，美しいラインが出せない
  →縫い目が見えにくい縫製方法．なめらかなラインを保つ縫製方法．

などの課題解決の方向になる．

　これらはそれなりに面白い方法があるかも知れないが，大きくレベルアップした形態にはなりにくい．解決すべき課題がたくさんある時，基本的なあるいは重要な課題から解決策を検討する方がよい．このケースでは縫製での諸々の問題ではなく，まず「縫製」そのこと自体を課題としてとらえることで「無縫製」という方向に大きく踏み出すことができる．その中で「逆発想原理」をまず考えることで大きな発展が導き出された．

2) 課題2：2枚ベッド方式の自動横編み機の課題

　従来の2枚ベッド方式の自動横編み機で筒状編地を編成する方式について考えてみる．主な構成とその問題点としては，比較的単純な制御方式という長所がある一方，かがり糸のループが長くなって，繊細で軽いニットを作りにくいという欠点がある．すなわち，制御を単純にしようとすると繊細で軽いニットを作りにくくなってしまうという矛盾に直面することになってしまう．これを革新的課題解決法に沿って考えを進める．

〈第1ステップ〉

　(a)　良い点は何か→制御が比較的単純

　(b)　その時起こる悪い点は何か→繊細で軽いニットが作りにくい

という矛盾を考える．

〈第2ステップ〉

　(a)と(b)をそれぞれ，「良化するパラメータ」，「悪化するパラメータ」に置き換える．この矛盾は機能のパラメータを扱うことなので，表3.8を適用する．

　(a)　良い点は何か→制御が比較的単純

　　　　　　　　　→制御の複雑性→F5

　(b)　その時起こる悪い点は何か→繊細で軽いニットが作りにくい

　　　　　　　　　→適応性→F7

〈第3ステップ〉

　「新矛盾マトリックス1（機能）」を用いて統合発明原理を導く．「F5 制御の複雑性」と「F7 適応性／融通性」から，次の2つの統合発明原理が導かれる．

　　1：分割／分離原理

　　22：振動原理

〈第4ステップ〉

　導かれた統合発明原理1「分割／分離原理」から，サブ原理①「1つの物体を個々の部分に分割する」を適用して考える．つまり，裏目形成や目移しの際に，2枚ベッドで1本おきの針を使用して編み上げるのではなく，2枚ベッドを4枚ベッドにして，2枚の上段のベッドの針を使用して編み上げる．その結

果ループ長を短くでき，繊細で軽いニットを形成できる．

3) 課題3－①：編み針の課題…ベラ針の進退スクロール

　ニットの原点となる編み針について考えてみる．従来はベラ針（ラッチニードル）と呼ばれる編み針が用いられてきた．このベラ針は構造がシンプルで操作制御が単純であるという良い点がある一方で，目移しのための針の進退スクロールが大きいという欠点を持っているという矛盾を抱えている．これを革新的課題解決に沿って考えを進める．

〈第1ステップ〉
　　(a)　良い点は何か→構造がシンプルで操作制御が単純である
　　(b)　その時起こる悪い点は何か→目移しのための針の進退スクロールが大きい
という矛盾を考える．

〈第2ステップ〉
　(a)と(b)をそれぞれ，「良化するパラメータ」，「悪化するパラメータ」に置き換える．この矛盾は機能のパラメータを扱うことなので，表3.8を適用する．
　　(a)　良い点は何か→構造がシンプルで操作制御が単純である
　　　　　　　　　　→制御の複雑性 → F5
　　(b)　その時起こる悪い点は何か→目移しのための針の進退スクロールが大きい
　　　　　　　　　　→エネルギーの量／損失→ F13

〈第3ステップ〉
　「新矛盾マトリックス1（機能）」から，統合発明原理を導く．「F5 制御の複雑性」と「F13 エネルギーの量／損失」から，次の7つの統合発明原理が導かれる．
　　　1：分割／分離原則
　　　8：未然防止原理
　　　10：アバウト原理

16：局所性質原理
22：振動原理
24：特性変更原理
25：仲介原理

〈第4ステップ〉
　導かれた統合発明原理からアイデアを着想する．統合発明原理25「仲介原理」のサブ原理①「動作を移転あるいは実行するために，媒介（キャリア）物質あるいは中間プロセスを使う」及び統合発明原理16「局所性質原理」のサブ原理①「物体の均質な構造を不均質な構造に変える，不均質な構造を用いる」から，お互いに相対的に運動できるように，物体の部分（要素）を用いることができる．すなわちスライダーが針のフックを越えて進出するようにしたニードル（スライドニードル）に発展させることが可能になる．これにより，目移しのための針の進退ストロークを小さくでき，その結果，糸に対する負荷が小さくでき，かつ装置の小型化ができた．

4）　課題3−②：編み針の課題…ベラ針のフックへの負荷
　さらにベラ針は，フックへの負荷が大きいという欠点を持っている．すなわち，ベラ針は制御の複雑性が少ないが，フックへの負荷が大きくフック先端外径を小さくできないため，より細かな編み目が得られないという欠点を持っている，という矛盾を抱えている．これを革新的課題解決法に沿って考えを進める．

〈第1ステップ〉
　　(a)　良い点は何か→ベラ針は制御の複雑性が少ない
　　(b)　その時起こる悪い点は何か→フックへの負荷が大きい
という矛盾を考える．

〈第2ステップ〉
　(a)と(b)をそれぞれ，「良化するパラメータ」，「悪化するパラメータ」に置き換える．この矛盾は機能のパラメータを扱うことなので，表3.8を適用する．

(a) 良い点は何か→ベラ針は制御の複雑性が少ない
→制御の複雑性→F5
(b) その時起こる悪い点は何か→フックへの負荷が大きい
→有害性→F3

〈第3ステップ〉

「新矛盾マトリックス1(機能)」から,統合発明原理を導く.「F5 制御の複雑性」と「F3 有害性/安全性」から,次の5つの統合発明原理が導かれる.

　1：分割/分離原理
　4：代用/置換原理
　14：弊害活用原理
　22：振動原理
　23：連続作用原理

〈第4ステップ〉

導かれた統合発明原理からアイデアを着想する.統合発明原理4「代用/置換原理」のサブ原理①「物体or部品に複数の機能を持たせることで他の物体(部品)を持つ必要性を取り除く」,及び統合発明原理23「連続作用原理」のサブ原理①「同じ動作を休まずに連続させる」から,編糸をニードルベッドの各針に供給し,かつ同時にキャリッジで針を進退操作することで編糸をくわえて編目を順次形成して編地を編み立てる.

(3) プロセスをふりかえって

以上述べてきたように,「新矛盾マトリックス」と「統合発明原理」が本件の問題解決に有効であることが確かめられた.複雑な機能を要求するシステムでは,さまざまな技術を組み合わせてできあがっているが,本システムもいくつもの課題を解決して出来上がっている.その際に,大きな観点での課題設定・解決をまず行うことが好ましい.本件では"無縫製"ニット製品を最初に取り上げたことが大きい効果に結びついている.革新的課題解決法を用いた検証でも"無縫製"ができている.

5.2 高品質・高効率・低環境負荷を同時実現する次世代製鋼プロセスの開発：住友金属工業㈱[19]

(1) 製品の問題点と目的
1) 本技術の概要

極低燐濃度，極低硫黄濃度の高純度化鋼を製造する方法を，図5.2に示す．まず鉄鉱石が高炉内でコークスにより還元されて溶鉄（溶銑）が製造される．この過程で原料中の不純物が混入し銑鉄中の燐や硫黄の濃度は高い．これを溶銑輸送車で硫黄・珪素・燐を予備的に除去してから転炉に送り，純酸素を吹き付けて含有炭素を一酸化炭素として除去し炭素濃度を下げる．同時に転炉内に生

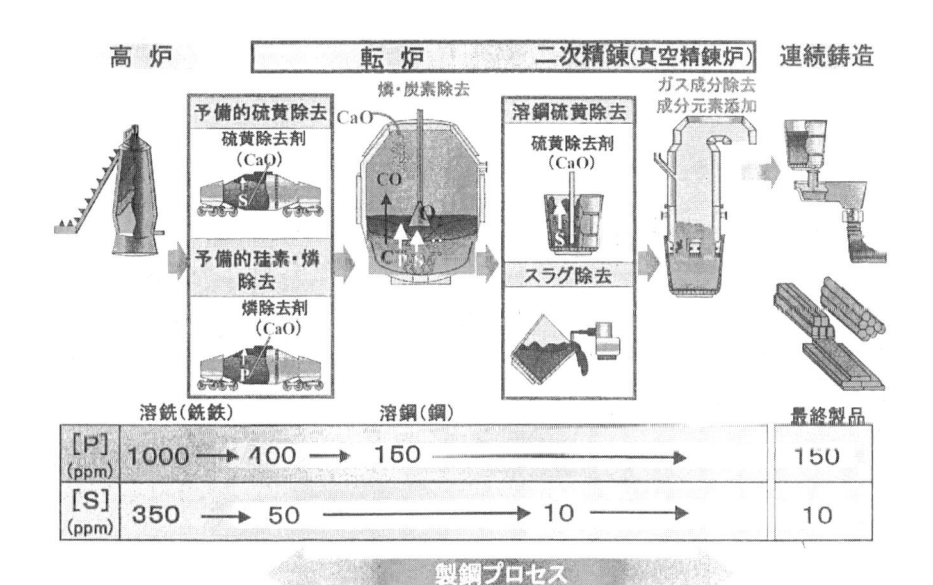

図5.2 従来の高級鋼の製造方法

(出典) 住友金属工業㈱：「高品質・高効率・低環境負荷を同時実現する次世代製鋼プロセスの開発」，『大河内賞受賞業績報告書 第53回（平成18年度）』，大河内記念会，p.23.

石灰を投入し溶銑中の不純物である燐と硫黄濃度を低下する．この生石灰はスラグとなる．このあと溶鋼は真空製鋼炉で二次精錬が行われ水素，窒素や酸素のガス成分が除去され，合金等を添加し目標成分に調整される．

2) 研究開発の背景と目標

　化石燃料資源の採取輸送の需要は増大する一方であるが，深井戸や高腐食といった過酷な環境下での開発が増加している．ここで用いられる油井管などには，高強度，かつ硫化水素などに対する耐腐食性を有する最高級の性能品質が要求される．これらの要求品質を満足するには，極低燐濃度，極低硫濃度という鋼の高純度化が重要である．

　高純度化鋼は，高炉・転炉・二次精錬を経て作られてきたが，
- コスト競争力
- 環境保全（CO_2 削減，使用エネルギー減，省資源化）

を目的に新プロセスを開発する必要があった．高級鋼の高純度化・高級化の進展に伴いプロセスが複雑化し，コストアップを招いてきた．

3) 技術開発の主な内容

① 予備的燐除去

　転炉での燐除去が十分行えないことに対し，予備的に実行する技術（向流製錬技術）を開発した．従来は溶銑輸送車を利用してその中で行っていたが，攪拌力が弱く，燐除去に時間がかかり，しかも十分に燐濃度を下げられなかった．これを上底吹転炉を用いて燐濃度を低く，しかも高能率に行えるようにした．ここでは燐除去と炭素除去を分離して二基の転炉で分割処理し，脱燐炉では余裕空間と底吹き攪拌力が大きいため，極低燐濃度化と燐除去剤使用料低減が可能となった（図 5.3）．

② 燐・炭素除去

　従来法では転炉前工程での予備的な燐除去処理の能力が低いため，燐除去と炭素除去を転炉で同時に行っていた．新しい技術では脱燐炉で十分に燐濃度が

5.2 高品質・高効率・低環境負荷を同時実現する次世代製鋼プロセスの開発：住友金属工業㈱

図5.3　従来の燐除去方法と開発法との比較

（出典）　住友金属工業㈱：「高品質・高効率・低環境負荷を同時実現する次世代製鋼プロセスの開発」，『大河内賞受賞業績報告書　第53回（平成18年度）』，大河内記念会，p.26.

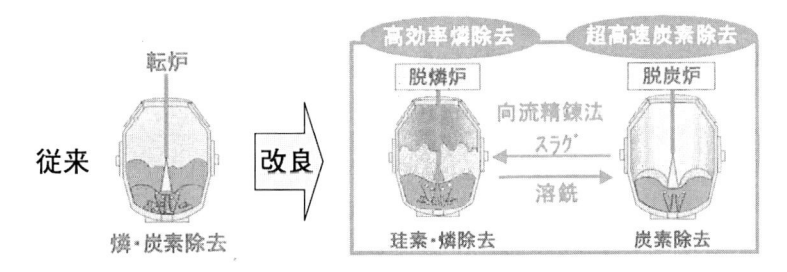

図5.4　従来の燐・炭素除去方法とそれを分離した開発法との比較

（出典）　住友金属工業㈱：「高品質・高効率・低環境負荷を同時実現する次世代製鋼プロセスの開発」，『大河内賞受賞業績報告書　第53回（平成18年度）』，大河内記念会，p.26.

下げられるので，脱炭炉では燐除去剤が不要のため酸素供給速度の増加が可能となり，超高速炭素除去が可能となる（**図5.4**）。

③　転炉での問題発生とその対策

脱炭炉では燐濃度が低くなっているので酸素供給速度を上げることができる

が，精錬剤使用量が低減しているため，脱炭内で吹き付けられる超音速ジェットの酸素ガスが衝突面の溶鉄表面で微細な溶鉄粒を飛散させ，ノズルあるいは炉口付近に凝固堆積してしまう．そこで，酸素ガスを供給するノズルを交互に異なる傾斜角を持つ千鳥配置のものを開発することで，飛散量を大幅に低減できた．

④ 多機能二次精錬法の開発

従来法では，転炉処理後に取鍋へ移送された溶鋼に Ar ガスと硫黄除去剤を吹き込んで，さらに硫黄除去するやり方が用いられてきた．硫黄除去剤は溶融スラグとなるため処理後にこの溶融スラグを除去する工程が必要になり，それは処理時間の長大化，温度低下によるエネルギーロスの増加とともに，大気圧下で攪拌操作をするために大気中窒素が溶鋼中に溶解し，鋼中の窒素濃度が増加するという問題があった．これを解決するために真空下処理(RH 脱ガス法)にし，従来法では粉状の硫黄除去剤を導入していたのに対し，上方から溶鋼表面に吹き付けるようにした．これにより，硫黄除去速度の向上と硫黄濃度の低下が実現し，エネルギーロスも抑制できた(図 5.5)．

(2) 革新的課題解決法の適用

本事例の中の主な点(以下の4項目)について，本書の「革新的課題解決法」の観点で考えてアイデアが生まれるかどうかの検証を行った．

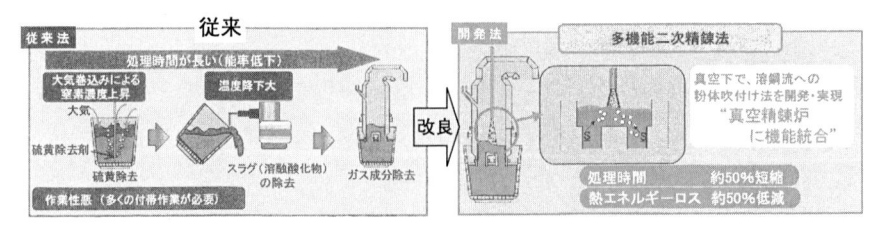

図 5.5 従来の硫黄除去処理方法と開発法との比較

(出典) 住友金属工業㈱:「高品質・高効率・低環境負荷を同時実現する次世代製鋼プロセスの開発」，『大河内賞受賞業績報告書 第 53 回(平成 18 年度)』，大河内記念会，p.30.

- 課題1：予備的燐除去の課題
- 課題2：燐・炭素除去の課題
- 課題3：転炉での問題発生とその対策における課題
- 課題4：多機能二次精錬法の開発における課題

1) 課題1：予備的燐除去の課題

転炉での燐除去が十分行えないので，従来は溶銑輸送車を利用してその中で燐除去を行っていたが，燐除去に時間がかかり，しかも十分に燐濃度を下げられなかった．

〈第1ステップ〉

　(a)　良い点は何か→溶銑輸送車を利用して燐除去を行う

　(b)　その時起こる悪い点は何か→攪拌力を上げられない

という矛盾を考える．

〈第2ステップ〉

(a)と(b)をそれぞれ，「良化するパラメータ」，「悪化するパラメータ」に置き換える．この矛盾は機能のパラメータを扱うことなので，表3.8を適用する．

　(a)　良い点は何か→溶銑輸送車を利用して燐除去を行う

　　　　　　　→製造の容易性，生産性→ F9

　(b)　その時起こる悪い点は何か→攪拌を上げられない

　　　　　　　→操作の容易性→ F4

〈第3ステップ〉

「新矛盾マトリックス1(機能)」を用いて統合発明原理を導く．「F9 製造の容易性，生産性」と「F4 操作の容易性」から，次の9つの統合発明原理が導かれる．

　1：分割／分離原理

　2：組み合わせ原理

　3：入れ子原理

　4：代用／置換原理

9：逆発想原理

10：非精密原理

21：つりあい原理

22：振動原理

24：特性変更原理

〈第4ステップ〉

　導かれた統合発明原理から着想されるのは，統合発明原理4「代用／置換原理」で，燐除去工程を行うのに，溶銑輸送車の代わりに転炉を用いることである．論文の中の解決策にはないが，従来の溶銑輸送車を容量の大きい溶銑輸送車に替えるということも考えられる．

2) 課題2：燐＆炭素除去の課題

　従来法では転炉前工程での予備的な燐除去処理の能力が低いので，燐除去と炭素除去とを転炉の中で同時に行っていた．脱燐と脱炭素とで条件を選べないため，酸素供給速度が上げられず，炭素除去速度が上げられなかった．これを革新的課題解決法に沿って考えを進める．

〈第1ステップ〉

　(a) 良い点は何か→1つの転炉の中で操作できる

　(b) その時起こる悪い点は何か→脱燐と脱炭素とで条件を選べない

という矛盾を考える．

〈第2ステップ〉

　(a)と(b)をそれぞれ，「良化するパラメータ」，「悪化するパラメータ」に置き換える．この矛盾は機能のパラメータを扱うことなので表3.8を適用してやればよい．

　(a) 良い点は何か→1つの転炉の中で操作できる

　　　　　　　　→操作の容易性→F4

　(b) その時起こる悪い点は何か→脱燐と脱炭素とで条件を選べない

　　　　　　　　→適応性・融通性→F7

〈第3ステップ〉

「新矛盾マトリックス1(機能)」から，統合発明原理を導く．「F4 操作の容易性」と「F7 適応性・融通性」から，次の7つの発明原理が導かれる．

　　1：分割／分離原理
　　5：非対称原理
　　10：非精密原理
　　13：低コスト原理
　　15：排除／再生原理
　　22：振動原理
　　24：特性変更原理

〈第4ステップ〉

導かれた統合発明原理から着想されるのは，統合発明原理1「分割／分離原理」で，脱燐と脱炭素とを別々の転炉で行うことである．その結果，脱燐と脱炭素とでそれぞれ適切な条件を設定することが可能となる．

3) 　課題3：転炉での問題発生とその対策における課題

脱炭炉では燐濃度が低くなっているので酸素供給速度を上げることができるが，吹き付けられる酸素ガスが衝突面の溶鉄表面で微細な溶鉄粒を飛散させ，ノズルあるいは炉口付近に凝固堆積してしまう．これを革新的課題解決法に沿って考えを進める．

〈第1ステップ〉

　　(a) 　良い点は何か→酸素ガス供給速度が上げられる
　　(b) 　その時起こる悪い点は何か→溶鉄粒がノズル・炉口に堆積してしまうという矛盾を考える．

〈第2ステップ〉

(a)と(b)をそれぞれ，「良化するパラメータ」，「悪化するパラメータ」に置き換える．この矛盾は機能のパラメータを扱うことなので，表3.8を適用する．

　　(a) 　良い点は何か→酸素ガス供給速度が上げられる

114 第5章 革新的課題解決法の適用事例

→物質の量／損失→ F10
(b) その時起こる悪い点は何か→溶鉄粒がノズル・炉口に堆積してしまう
→保守性→ F6

〈第3ステップ〉

「新矛盾マトリックス1(機能)」から，統合発明原理を導く．「F10 物質の量／損失」と「F6 保守／修理の容易性」から，次の10の統合発明原理が導かれる．

　1：分割／分離原理
　4：代用／置換原理
　8：未然防止原理
　9：逆発想原理
　12：セルフサービス原理
　13：低コスト原理
　15：排除／再生原理
　16：局所性質原理
　24：特性変更原理
　25：仲介原理

〈第4ステップ〉

導かれた統合発明原理から着想されるのは，統合発明原理1「分割／分離」で，千鳥配置の複数のノズル孔にすることである．また，統合発明原理16「局所性質原理」のサブ原理①「物体の均質な構造を不均質な構造に不均質な構造を用いる」でノズル孔の傾斜角を異なるものにすることである．これらを組み合わせて複数のノズル孔で，さらにその傾斜角を異なる千鳥配置のものにすることで飛散量を大幅に低減できる．

4) **課題4：多機能二次精錬法の開発における課題**

転炉処理後に取鍋へ移送された溶鋼に Ar ガスと硫黄除去剤を吹き込んでさらに硫黄除去するやり方が用いられてきた．硫黄除去剤は溶融スラグとなるた

5.2 高品質・高効率・低環境負荷を同時実現する次世代製鋼プロセスの開発：住友金属工業㈱

め，処理後にこの溶融スラグを除去する工程が必要になり，それは処理時間の長大化，温度低下によるエネルギーロスの増加とともに，大気圧下で攪拌操作をするために大気中窒素が溶鋼中に溶解し鋼中の窒素濃度が増加するという問題があった．これを革新的課題解決法に沿って考えを進める．

〈第1ステップ〉

 (a) 良い点は何か→取鍋をそのまま利用(大気圧下)という作業のやり易さ

 (b) その時起こる悪い点は何か→溶融スラグの発生が増加してしまう

という矛盾を考える．

〈第2ステップ〉

 (a)と(b)をそれぞれ，「良化するパラメータ」，「悪化するパラメータ」に置き換える．この矛盾は機能のパラメータを扱うことなので，表3.8を適用する．

 (a) 良い点は何か→取鍋をそのまま利用(大気圧下)という作業のやり易さ
    →操作の容易性→F4

 (b) その時起こる悪い点は何か→溶融スラグの発生が増加してしまう
    →物質の量／損失→F10

〈第3ステップ〉

「新矛盾マトリックス1(機能)」から，統合発明原理を導く．「F4 操作の容易性」と「F10 物質の量／損失」から，下記の10の統合発明原理が導かれる．

 1：分割／分離原理
 2：組み合わせ原理
 4：代用／置換原理
 8：未然防止原理
 9：逆発想原理
 16：局所性質原理
 21：つりあい原理
 22：振動原理
 24：特性変更原理

25：仲介原理

〈第4ステップ〉

　導かれた統合発明原理から着想されるのは，統合発明原理25「仲介原理」のサブ原理⑧「通常の環境を真空状態も含む不活性な環境に置き換える」で，大気中の作業を真空中にて行うようにする．また統合発明原理9「逆発想原理」で，硫黄除去剤を吹き込むのではなく，溶鋼流へ上から吹き付ける．統合発明原理3「局所性質原理」のサブ原理①「物体の均質な構造を不均質な構造に変える，不均質な構造を用いる」で，強力なジェット流で粉体（硫黄除去剤）を溶鋼表面（だけ）に着地できるようにすることができる，などを用いることで

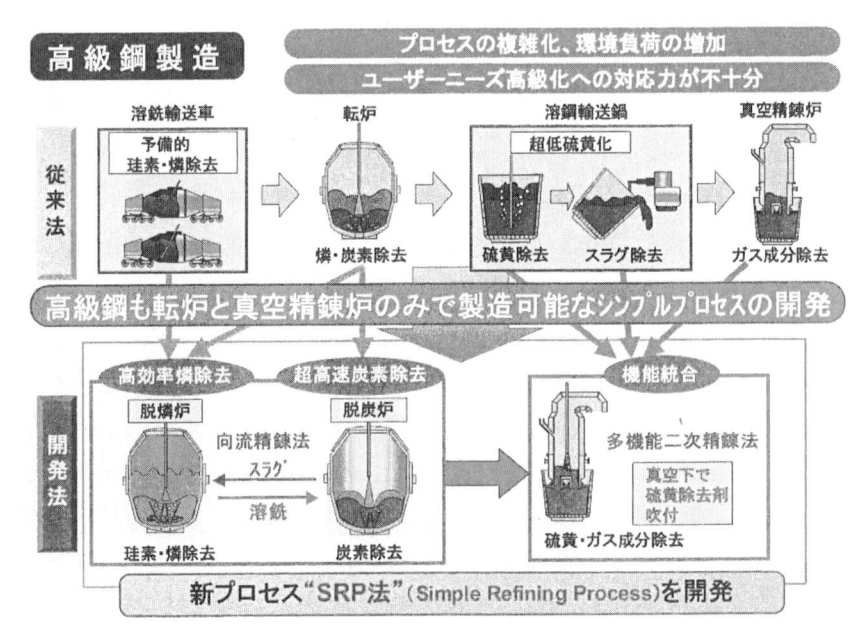

図5.6　従来法と開発法との総合比較

（出典）　住友金属工業㈱：「高品質・高効率・低環境負荷を同時実現する次世代製鋼プロセスの開発」，『大河内賞受賞業績報告書　第53回（平成18年度）』，大河内記念会，p.26.

解決することができる.

(3) 従来法と開発法の比較

以上の各事項及びここでは詳細を述べなかったことを含めて,「従来法による製鋼プロセス」と「次世代製鋼プロセス」をまとめると, **図5.6**のようになる.

5.3 垂直磁気記録方式ハードディスク装置の開発と実用化: ㈱東芝 デジタルメディアネットワーク社[20]

(1) 製品の問題点と目的

1) 本技術の概要

小型ハードディスク装置(以下,HDD)は,誕生以来,単位面積当たりに記録できるデータを多くする高密度化と,小型化,大容量化,アクセスの高速化が進められてきた.その結果,パーソナルコンピュータのメモリだけでなく,DVDレコーダー,カーナビゲーションなど,家庭用や自動車用のAV機器,情報機器にも広く使われるようになってきた.最近はさらにパソコンの処理能力向上と相まって映像などの大容量データを日常生活で使うニーズが増加し,ノートパソコンなど,ポータブルへの使用環境の展開が進み,使用環境の変化とマーケットの増大が急である.今後ともこの傾向は更に続くと見られる.

従来のHDDは,面内磁気記録方式と呼ばれるもので,**図5.7**に示される.リング型記録ヘッドが発生する磁界に従って,記録媒体は面内の記録媒体の走行方向に磁化された磁石の並びとなる.その結果,隣り合う磁石が接するところ(磁化転移点と呼ぶ)ではN極とN極,またはS極とS極が接することになり,互いに磁化を弱め合う作用(減磁界と呼ぶ)が働く.

2) 開発の概要

HDDに使われている磁気記録の原理は,誕生以来,面内磁気記録方式が主

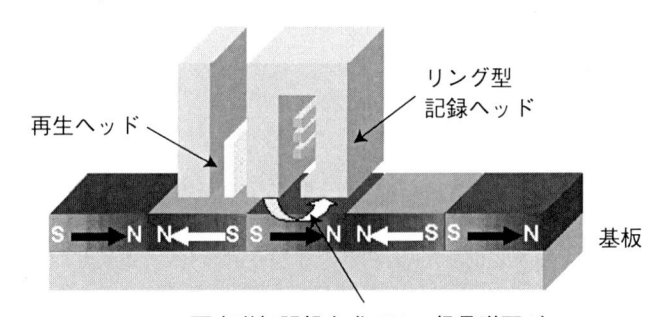

118 第5章 革新的課題解決法の適用事例

面内磁気記録方式では，信号磁石が
互いに反発する配置となっている．

図 5.7 従来の面内磁気記録方式の模式図

(出典) 田中陽一郎他：「垂直磁気記録方式ハードディスク装置の開発と実用化」，『大河内賞受賞業績報告書 第 53 回（平成 18 年度）』，大河内記念会，p.40.

流であったが，今回新たに実用化された垂直磁気記録方式は，より高密度化，小型化，高速化が期待されている．

面内磁気記録方式では，高密度化するにつれ磁石が小さくなり，減磁界が相対的に大きくなって再生出力が低下する．またさらに，減磁界を小さくするために磁性層の膜厚を小さくすると熱揺らぎの影響が大きくなることが，高密度化の課題とされてきた．

そこで，図 5.8 に示すように，磁石の磁化方向を面内ではなく垂直方向にすることにより，隣り合う磁石が接する磁化転移点では N 極と S 極が接することになり，減磁界が生じない垂直磁気記録方式が考案された（1997 年に東北大学の岩崎俊一博士が発表）．これにより，熱揺らぎも改善されることが確認された．岩崎俊一博士が垂直磁気記録を考案された時の思考の過程を述懐されている記事があり，そこに従来の面内磁気記録方式の限界，すなわち本質的な課題の認識を読み解くヒントになると見られることが述べられている．その資料を図 5.9 に紹介する．ここで博士は，磁化した磁石が減磁界を発生し互いに弱め合う現象を，運動の法則になぞらえて，推進力と反発力との類推による現象

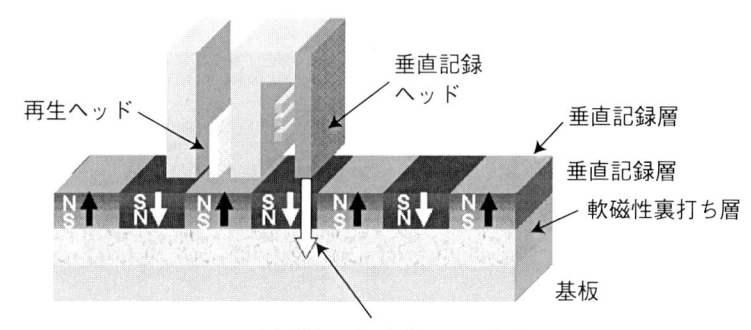

5.3 垂直磁気記録方式ハードディスク装置の開発と実用化：
㈱東芝 デジタルメディアネットワーク社

図 5.8 垂直磁気記録方式の模式図

（出典）　田中陽一郎他：「垂直磁気記録方式ハードディスク装置の開発と実用化」，『大河内賞受賞業績報告書 第 53 回（平成 18 年度）』，大河内記念会，p.40

と捉え，磁気記録おける自己矛盾が起こっていること，またこの自己矛盾を，妥協点を求めることなく，矛盾そのものを解消したセルフコンシステントな状態をつくる新しい方法が必要であるという課題認識を明確に意識されたと見られる．

このように磁気記録の根本的な課題を解決することにより 1898 年にプールセンが発明した磁気録音機以来，約 100 年使われてきた磁気記録が，高密度化に応える新しい基本的な原理を採用し，実用化されることとなった．

(2)　革新的課題解決法の適用

上述のように磁気記録の高密度化の要求に対して，従来の面内記録方式が抱える根本的な課題を解決する画期的な垂直記録方式が考案された．面内記録から垂直記録への発想の転換を，革新的課題解決法のプロセスに沿って追いかけてみる．

従来の面内磁気記録方式の高密度化を進めるにあたって，減磁界と，熱揺ら

> これは，高密度の長手記録で必ず現れる残留磁化の減少，すなわち減磁作用を詳細に解説する研究となった．
>
> その結果，1968年に従来の減磁の考え方を覆す，セルフコンシステント（自己矛盾のない）磁化の概念に到達した．これは減磁作用を，磁化した瞬間に受ける反発力，反作用としてとらえる考え方である．
>
> 奇異に感じられるかもしれないが，私はこのヒントを，トルストイの大著「戦争と平和」のボロジノの戦いの描写の中から得ている．トルストイは仏露両軍の衝突後の動きを，運動の法則，すなわち反発力（兵力の損害）を伴った惰性としてとらえ，仏軍の敗北に至る経緯を論理的に述べている．
>
> 私はその描写の鮮やかさに感嘆するとともに，同様に記録媒体に磁界が加わったときにも，反発力を受けた惰性の結果を見ているはずという考えが浮かんだ．
>
> すなわち磁気記録媒体を磁化する過程では，ヘッドからの磁界と，磁化した媒体に生ずる減磁界の和によってセルフコンシステントな磁化が残っていくということである．
>
> これは，従来のスタティックな減磁の解釈を，全く書き変える新理論となった．
>
> これらの解析から，高密度の長手記録での減磁作用が大きいことをあらためて認識し，それを除く方法として垂直記録の発想へとつながったのである．

図 5.9　垂直磁気記録の研究を顧みて

(出典)　岩崎俊一：「垂直磁気記録の研究を顧みて」，『電気技術史』，p.2, 第38号，平成17年12月22日

ぎの2点が根本的な要因と見ることができ，以下の課題がある．
- 課題1：高密度化に対して，減磁界が妨げになる．
- 課題2：高密度化に対して，熱揺らぎが妨げになる．

5.3 垂直磁気記録方式ハードディスク装置の開発と実用化：
㈱東芝 デジタルメディアネットワーク社

1) **課題1：高密度化に対して，減磁界が妨げになる課題**

磁化転移点近傍では大きな減磁界が発生し，隣接する互いの磁化を弱め合おうとする作用が働く．面内磁気記録方式による高記録密度化は，この減磁界に抗することである．これを革新的課題解決法に沿って考えを進める．

〈第1ステップ〉
- (a) 良い点は何か→高密度化
- (b) その時起こる悪い点は何か→高密度化すればするほど減磁界が大きくなり再生出力が低下する．

〈第2ステップ〉
(a)と(b)をそれぞれ，「良化するパラメータ」，「悪化するパラメータ」に置き換える．この矛盾は，機能のパラメータを扱うことなので，表3.8を適用する．

- (a) 良い点は何か→高密度化
  →情報記録の精度向上→F2
- (b) その時起こる悪い点は何か→高密度化すると減磁界が大きくなる
  →減磁界という有害性が増大→F3

〈第3ステップ〉
「新矛盾マトリックス1(機能)」を用いて統合発明原理を導く．「F2 精度」と「F3 有害性／安全性」から，次の10個の統合発明原理が導かれる．

- 4：代用／置換原理
- 5：非対称原理
- 7：他次元移行原理
- 8：未然防止原理
- 14：弊害活用原理
- 15：排除／再生原理
- 16：局所性室原理
- 20：均質性原理
- 24：特性変更原理

25：仲介原理

〈第4ステップ〉

　導かれた統合発明原理から着想される事がらの中に，優れた発明に通じるものが含まれる確率が高い．ここでは，統合発明原理14「弊害活用原理」が垂直記録方式の発明に至るとみられる．実現したい高密度化に対して，面内記録では，磁石の同極同士が隣接して互いに磁化を弱め合う位置関係（すなわち減磁界が発生する）になり，かつ不安定な関係になること（弊害）を転じて，磁石の異極が隣接することで安定に自己矛盾なく存在する位置関係になる（活用する）ように構成できる考え方が導かれる．

　また一方，統合発明原理7「他次元移行原理」によって面内と異なる垂直方向の磁化方向が容易に想起され，統合発明原理14「弊害活用原理」との組み合わせから，垂直方向磁化というこれまで使っていなかった方式の着想が得られる．その結果，統合発明原理14「弊害活用原理」と統合発明原理7「他次元移行原理」の2つの統合発明原理の組み合わせとして，垂直磁気記録方式への思考の展開ができるものとみられる．

　またさらに，統合発明原理7「他次元移行原理」を素直に展開すると，磁石の方向を三次元と見て，もう一つの次元に気づくことになる．ここからさらに発展させることで「面内トラック幅方向磁気記録方式」といえるものの存在が想定できる．図5.10にその模式図を示す．

　垂直磁気記録と同様に，磁石の位置関係は安定であることが想定され，今回の課題の解決策として存在し得るものと見られる．ただし，この論点だけで実用化ができると見るのは早計であり，磁気記録再生に関わる多くの要素からみ

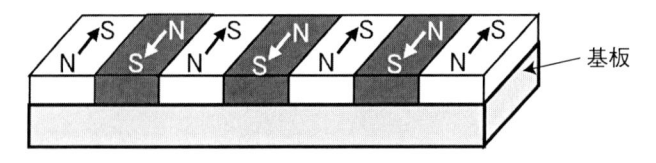

図5.10　面内トラック幅方向磁気記録方式の模式図

5.3 垂直磁気記録方式ハードディスク装置の開発と実用化：㈱東芝 デジタルメディアネットワーク社

た視点を含めた解の有効性の議論が必要である．

2) **課題2：高密度化に対して，熱揺らぎが妨げになる課題**
   - 面内磁気記録方式において，高密度記録により微細になった媒体磁性粒子の熱揺らぎに対する耐性を維持することが困難である．
   - 熱揺らぎは「高密度化に伴って小さくなる磁化の単位が，熱エネルギーに抗しきれなくなり，場合によっては磁化の消滅に至る重要な課題である」といわれている．((出典)仙石　誠：「ハードディスク―既存技術はいよいよ限界に，2004年に垂直磁気記録へ(下)」，『ITPRO』(日経BP社)，2003年7月31日，http://itpro.nikkeibp.co.jp/members/NBY/techsquare/20030724/3/)

〈第1ステップ〉
   (a) 良い点は何か→高密度化
   (b) その時起こる悪い点は何か→高密度化をすると熱揺らぎが大きくなり記録磁化が消失する場合もある．

〈第2ステップ〉
(a)と(b)をそれぞれ，「良化するパラメータ」，「悪化するパラメータ」に置き換える．この矛盾は機能パラメータを扱うことなので，表3.8を適用する．
   (a) 良い点は何か→高密度化
       →情報記録の精度向上→F2
   (b) その時起こる悪い点は何か→高密度化すればするほど熱揺らぎが大きくなり記録磁化が消失する場合もある．
       →熱揺らぎ耐性→F8

〈第3ステップ〉
「新矛盾マトリックス1(機能)」を用いて統合発明原理を導く．「F2 精度」と「F8 耐久性」から，次の10個の統合発明原理が導かれる．
   4：代用／置換原理
   8：未然防止原理

9：逆発想原理
13：低コスト原理
16：局所性質原理
18：複合材料原理
19：薄膜利用原理
22：振動原理
24：特性変更原理
25：仲介原理

〈第4ステップ〉

導かれた統合発明原理18「複合材料原理」に沿って考える．面内にもう1つの材料を導入し，面内で互いにS極とN極が近い関係になる位置関係を構成する方法が考えられる．この方法は実際に，「交換結合型磁気記録媒体の開発と実用化」として2007年に恩賜発明賞を得ている方法に対応する．その構造を図5.11に示す．記録再生に直接寄与する表面の磁性層の下部に新たな層を形成し，磁気絶縁された2層の磁性体層が互いに逆方向の磁化を保持することにより，記録再生に関わる記録層の磁化を安定に保持する方法と見られる．

(3) この事例の特徴

　この事例の課題の設定は，磁気記録をさらに高密度化することから始まっている．出発点は従来の面内方式における再生出力の低下である．従来方式における課題の設定であるが，その解決策は従来方式とは大きく異なる画期的な方式を案出することができた，この点について考察する．

　この事例では従来の面内記録方式を高密度化するときに表れる現象からその原因を見出し，減磁界と熱揺らぎの2点に至り，その解決策が新しい方式に至った．従来方式から出てきたこの2つの課題の要因はこれまで述べてきたように，媒体が磁化されると減磁界が発生し，面内磁気記録方式においてはその影響が顕著に表れ，再生出力を低下させるものであった．一方減磁界は，垂直磁気記録方式においても存在するのであって，垂直磁気記録方式は減磁界による

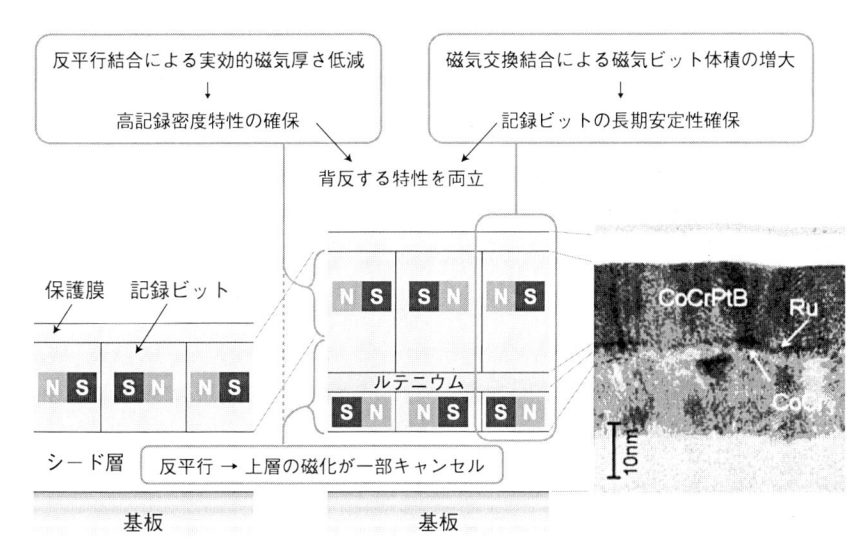

5.3 垂直磁気記録方式ハードディスク装置の開発と実用化：
㈱東芝 デジタルメディアネットワーク社

図5.11 交換結合型磁気記録媒体(SFM)の構造と作用について

（出典） 富士通㈱：「HDD用交換結合型磁気記録媒体技術が「恩賜発明賞」を受賞」，『富士通プレスリリース』，p.2，2007年5月8日，2007-0096．

影響を大きく改善する記録方式ということができる．減磁界という概念が，従来の面内記録方式に限定されたものではなく，異なる方式の垂直磁気記録方式にも及ぶ根本的な概念と見ることができる．それによって，減磁界という考え方に沿って解決策を探り，革新的な方式に至ることができたと考えられる．

従来技術の現象から普遍的な課題設定に至ることによって，革新的な新しい技術に至る可能性を高めるものと思われる．

5.4 写真フイルム塗布作業における段取り時間の短縮：コニカミノルタエムジー㈱[21]

(1) 課題達成法によるアプローチ
1) 本技術の概要

写真フィルムは，「E工程」で写真フィルム用の感光液調液を行い，それを「C工程」に送って塗布・乾燥を行い製品とする．E工程やC工程での装置は「計測室」で制御監視をしている．E工程は建物の5〜6階，計測室は3階，C工程は1〜2階に配置されており，各工程間での作業はマイクで連絡を取りあって段取りの確認をしながら作業を進めている（図5.12）．

2) 課題の状況

多品種少量生産を行っているので，切り替え時に品種毎に異なる感光液を混入させないための洗浄は重要で，E工程での「タンク洗浄作業」，C工程の「塗布機手洗浄作業」に多くの段取り時間を要している．これらの段取り作業にマ

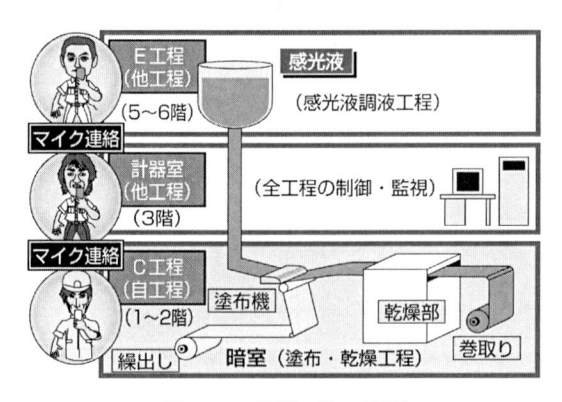

図5.12 作業工程の配置

(出典) コニカミノルタエムジー㈱生産センター日野生産部第2製造課 グランドスラムサークル：「写真フィルム塗布作業における段取り時間の短縮」，『QCサークル』，p.40，No.531，2005年10月号，日本科学技術連盟．

5.4 写真フイルム塗布作業における段取り時間の短縮：
コニカミノルタエムジー㈱

イク連絡が18回も行われ，その際に「マイク連絡が遅れる」ことが全工程に共通する主要因であることが分析の結果得られた．特に送液ライン洗浄は操作盤を背に作業するので，終了に気づかずマイク連絡が遅れてしまうことがある．操作盤を見ながらでは作業ができないし，きちんと作業しようとすると操作盤の変化に注意が払えない．

段取りは一日平均7回，1回当たり35分から60分(平均42分)かかっていた(図5.13)．

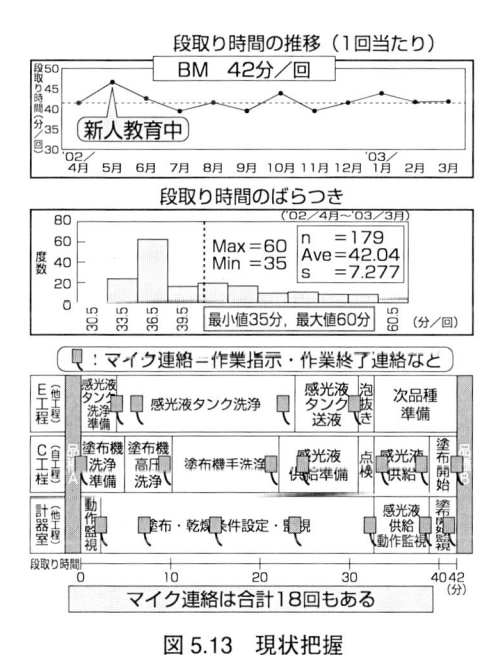

図5.13 現状把握

(出典) コニカミノルタエムジー㈱生産センター日野生産部第2製造課 グランドスラムサークル：「写真フイルム塗布作業における段取り時間の短縮」，『QCサークル』，p.39, No.531, 2005年10月号，日本科学技術連盟．

3) **目標設定**

写真フィルム塗布作業における段取り時間を現在の1回当たり42分を，現状の最小時間の35分以下にする．

4) **対策**

段取り時間を短縮するための対策展開型系統図（図5.14）を作成し，次に示す3項目を実施した．

① 感光液タンク洗浄時間短縮
- 洗浄動作を洗浄効率の良いシーケンスに変更した
  →この対策でタンク洗浄時間が20分から16分になり4分短縮できた．

② 塗布機手洗浄時間短縮
- チャンバー部の汚れが落ちやすい洗浄道具に変更した．
  →浴用タオルを利用する．チャンバー部の洗浄時間が7分から5分にな

「段取り時間を短縮するには」の対策展開型系統図

評価点 ◎：2点　○：1点　△：0点

段取り時間を短縮するには	1次	2次	3次	効果	実現	経済	評価
	感光液タンク洗浄を早く終わらせる	ムダな動作時間をなくす	塗布液タンク洗浄時間をシーケンス変更で短くする	◎	◎	◎	6
			短縮洗浄を活用する	○	△	◎	3
	塗布機の洗浄を早く終わらせる	塗布機の洗浄時間を短縮する	チャンバー部の汚れが落ちやすい道具に変更する	◎	○	◎	5
	送液ライン洗浄終了連絡遅れをなくす	マイク連絡の遅れをなくす	送液ライン洗浄終了お知らせブザーを設置する（聴音）	◎	◎	○	5

図5.14　対策展開型系統図

(出典)　コニカミノルタエムジー㈱生産センター日野生産部第2製造課　グランドスラムサークル：「写真フィルム塗布作業における段取り時間の短縮」，『QCサークル』，p.40, No.531, 2005年10月号，日本科学技術連盟．

り，2分短縮できた
③ 送液ライン洗浄連絡遅れをなくす
- 送液ライン洗浄終了を知らせるブザーを設置した
  → 終了連絡待ちによる手待ち時間は対策前の平均75秒から対策後は15秒となり，60秒の短縮ができた．さらに，作業に集中していても終了が音で感知できるため安心できる

1回当たりの段取り時間が合計で7分短縮され，平均段取り時間42分を35分にでき，当初の目標を達成した．

(2) 革新的課題解決法の適用

本事例の主な点について，本書の「革新的課題解決法」の観点で考えてアイデアが生まれるかどうかの検証を行った．
- 課題1：感光液タンク洗浄時間短縮
- 課題2：塗布機手洗浄時間短縮
- 課題3：送液ライン洗浄連絡遅れをなくす

1) 課題1：感光液タンク洗浄時間短縮

先に使用した感光液が混入しないようにタンクをきれいに洗浄しないと，品質に影響を与えてしまう．しかし，きれいにしようとすると感光液タンクの洗浄に時間がかかってしまう．これを革新的課題解決法に沿って考えを進める．

〈第1ステップ〉
  (a) 良い点は何か→感光液タンクの混入が起こらない
  (b) その時起こる悪い点は何か→洗浄に時間がかかってしまう

〈第2ステップ〉
(a)と(b)をそれぞれ，「良化するパラメータ」，「悪化するパラメータ」に置き換える．この矛盾は機能のパラメータを扱うことなので，表3.8を適用する．
  (a) 良い点は何か→感光液タンクの混入がおこらない
         →信頼性→ F1

(b) その時起こる悪い点は何か→洗浄に時間がかかってしまう
　　　　　　　　　　　　　　→時間の量／損失→F12

〈第3ステップ〉

「新矛盾マトリックス1(機能)」を用いて統合発明原理を導く．「F1 信頼性」と「F12 時間の量／損失」から，次の3つの統合発明原理が導かれる．

　　5：非対称原理
　　8：未然防止原理
　　19：薄膜利用原理

〈第4ステップ〉

導かれた統合発明原理からアイデアを着想する．統合発明原理8「未然防止原理」のサブ原理④「動作の遂行に無駄な時間を要しないように，最も都合の良いところから動作できるように物体を予め準備する」あるいはサブ原理③「必要なことの一部あるいは全てを事前に行っておく」を適用して，一様に洗浄液を流すのではなく，最も都合のよいところから洗浄できるように，洗浄のシーケンスを組んでやればよい．

得られた統合発明原理をさらに利用すると，統合発明原理19「薄膜利用原理」と統合発明原理8「未然防止原理」とを組み合わせて，感光液タンクの内側に感光液が付着しにくい薄膜を予め貼っておくというアイデアも生まれる．また統合発明原理5「非対称原理」を適用して，タンク洗浄のノズルを上下左右の向きに配置して，しかも汚れが付着しやすい場所には強く洗浄液が出るなどの工夫が考えられる．

2) 課題2：塗布機手洗浄時間短縮

時間短縮のためには，塗布機，特にチャンバー部の汚れを落とすことを短時間で手早く済ませたいが，なかなか手早くきれいに汚れを落とせない．これを革新的課題解決法に沿って考えを進める．

〈第1ステップ〉

　　(a) 良い点は何か→塗布機の洗浄を短時間で済ませたい

5.4 写真フイルム塗布作業における段取り時間の短縮：
コニカミノルタエムジー㈱

　　(b)　その時起こる悪い点は何か→汚れを十分に落とせない

〈第2ステップ〉

　(a)と(b)をそれぞれ，「良化するパラメータ」，「悪化するパラメータ」に置き換える．この矛盾は機能のパラメータを扱うことなので，表3.8を適用する．

　　(a)　良い点は何か→塗布機の洗浄を短時間で済ませたい
　　　　　　　　　　→操作の容易性→F4
　　(b)　その時起こる悪い点は何か→汚れを十分に落とせない
　　　　　　　　　　→信頼性→F1

〈第3ステップ〉

　「新矛盾マトリックス1(機能)」を用いて統合発明原理を導く．「F4 操作の容易性」と「F1 信頼性」から，次の6つの統合発明原理が導かれる．

　　7：多次元移行原理
　　8：未然防止原理
　　13：低コスト原理
　　16：局所性質原理
　　18：複合材料原理
　　21：つりあい原理

〈第4ステップ〉

　導かれた統合発明原理からアイデアを着想する．統合発明原理16「局所性質原理」のサブ原理①「物体の均質な構造を不均質な構造に変える，不均質な構造を用いる」を適用して，表面が均一でない(ざらざらした表面など)材料を用いて汚れを落としやすくしてやればよい．統合発明原理13「低コスト原理」から使い捨ても可能な材料が用いられる．これらを合わせると浴用タオルの利用に結びついてくる．

　あるいは統合発明原理18「複合材料原理」を適用して，汚れを落とすことと汚れを吸着する事を組み合わせた道具を探すことも考えられる．また，課題1と同様に統合発明原理8「未然防止原理」を適用して，一様に洗浄液を流すのではなく最も都合のよいところから洗浄できるように，手洗浄に入る前に温

水を流すなど洗浄のシーケンスを組むことも考えられる．

3) 課題3：送液ライン洗浄連絡遅れをなくす

　送液ラインの洗浄をきちんと行いたいが，操作盤を見ながらでは作業ができない．きちんと作業しようとすると操作盤の変化に注意が払えないので，作業終了に気づかずマイク連絡が遅れてしまうという問題状況がある．
〈第1ステップ〉
　　(a) 良い点は何か→送液ラインの洗浄をきちんと行いたい
　　(b) その時起こる悪い点は何か→操作盤の変化に注意が払えない
〈第2ステップ〉
　　(a)と(b)をそれぞれ，「良化するパラメータ」，「悪化するパラメータ」に置き換える．この矛盾は機能のパラメータを扱うことになるので，表3.8を適用する．
　　(a) 良い点は何か→送液ラインの洗浄をきちんと行いたい
　　　　　　　　　→信頼性→F1
　　(b) その時起こる悪い点は何か→操作盤の変化に注意が払えない
　　　　　　　　　　　　→適応性／融通性→F7
〈第3ステップ〉
　「新矛盾マトリックス1(機能)」を用いて統合発明原理を導く．「F1 信頼」と「F7 適応性／融通性」から，次の4つの統合発明原理が導かれる．
　　 9：逆発想原理
　　21：つりあい原理
　　24：特性変更原理
　　25：仲介原理
〈第4ステップ〉
　導かれた統合発明原理からアイデアを着想する．統合発明原理9「逆発想原理」を適用して，操作者が操作盤の所に行く(操作盤を見る)のではなく，操作盤が送液ライン洗浄終了を教える(音声，ブザー，光などで)ようにすることが

考えられる．

(3) プロセスをふりかえって

　以上述べてきたように，「新矛盾マトリックス」と統合発明原理が本件の課題解決に有効であることが確かめられた．この方法を利用すると複数の解決策が得られるので，これらを比較検討して最適解を選択すればよい．

5.5　ヒューズ用碍子品質の向上：富士電機機器制御㈱[22]

(1)　課題達成法によるアプローチ
1) 本技術の概要

　富士電機機器制御㈱の吹上事業所は，高圧遮断器用の絶縁筒や電磁開閉器用のカバー，ヒューズ用碍子等のセラミック製品の製造を行っている．セラミック製品は食器等の陶磁器と同様の焼き物であって，加熱によって原料粒子と共に存在する水分やバインダー成分が取り除かれ原料粒子同士の結合が密になり全体の寸法が収縮するため，不良が発生しやすく製造には技能が要求されるといわれている．吹上事業所の場合，図5.15のように，生産品目の中で特に角型ヒューズ碍子の不良率が大きく（約9%），納期対応に影響する等，慢性化していた．不良の63%がヒビ不良である．

2) 課題の状況

　まずヒビ割れの状況と行程との関係が調べられた．ヒビ割れはすべて表面で発生している．製造工程（成形→加工→乾燥→焼成）において焼成工程以外に発生が無かったことから焼成工程に取り組むことになった．

　これまでの経験から，次の3つのパラメータを取り上げ，不良との関係を調べた．
- 焼成密度（成形時の粒子の密度）
- 乾燥状態（水分量）

図5.15 ヒューズ碍子不良

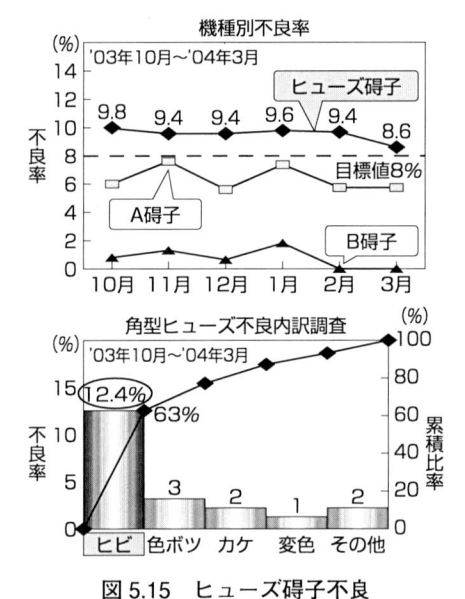

(出典) 富士電機機器制御㈱吹上事業所製造部第三製造課セラミック部品 おっちゃんサークル：「ヒューズ用碍子品質の向上」,『QCサークル』, p.42, No.534, 2006年1月号, 日本科学技術連盟.

- 焼成温度

その結果，いずれもヒビ割れ不良との因果関係を見出すことができなかった．行き詰まりが感じられたが，さらに，関連がありそうな事実を調べた．その1つに，小型炉を使ったときのヒビ不良は5％と明らかに低いことが見つかった．小型炉と量産炉の違いを究明した結果，焼成時の昇温速度に違いがあることがわかり，確認実験を行った結果，昇温速度を80度／時間以上にすればヒビ不良が発生しないことが確認された(図5.16).

また，技術グループとの勉強会により，昇温速度とヒビ不良との因果関係が裏付けられ，量産行程で運用したところ，ヒビ不良をゼロにすることができた．

製造条件の1つである昇温速度を変えることによって仕上がり寸法の不良が

調査方法：昇温速度を5水準設定しヒビ，
そのほかの不良の発生を調査する
（各条件100個）

【評価】
○：発生なし
△：1〜5個発生
×：5個以上発生

昇温速度	ヒビ不良		その他不良			
			寸法不良		変色不良	
	不良率	評価	不良率	評価	不良率	評価
35℃/時間	11%	×	0%	○	0%	○
40℃/時間	10%	×	0%	○	0%	○
60℃/時間	5%	△	0%	○	0%	○
80℃/時間	0%	○	0%	○	0%	○
100℃/時間	0%	○	13%	×	0%	○

図5.16　昇温速度変更実験

(出典)　富士電機機器制御㈱吹上事業所製造部第三製造課セラミック部品　おっちゃんサークル：「ヒューズ用碍子品質の向上」，『QCサークル』，p.42，No.534，2006年1月号，日本科学技術連盟．

増加する副作用が生じたが，「温度設定」と「焼成炉に詰め込む量（積載量）」を最適化して，副作用を解決することができた．

(2)　革新的課題解決法の適用

　要因の抽出と，実験確認の組合せによる原因の特定，技術の裏づけ，副作用の確認と解決によって，ヒビ不良の改善が行われた．この一連の流れの中で，当初の経験則に基づく実験が行き詰まった．そこで関係すると思われることをさらに調べていった結果，小型炉と量産炉との違いの事実に気づき，そこから対策の柱になった昇温温度に行きつくことができたものと見られる．この行き詰まりが課題解決のポイントと見られることから，そこに焦点を当てて，革新的課題解決法を適用してみる．

　量産行程におけるヒビ不良の原因として従来の経験から考えると，①焼成密度（成形時の粒子の密度），②乾燥状態（水分量），③焼成温度があり，実験してみたがいずれも因果関係がなかった．そこで，改めて課題を見つめ直すため，要因探しだけでなく，さらに広い視点で関係がありそうな事実を模索した．その中から，量産炉では一定のヒビ不良が出るが，小型炉ではヒビ不良が明らか

に小さい事実に気づく．

ここで課題の状況が明確に認識されたと考える．すなわち，「小型炉で生産をすればヒビ不良を改善することができる」．よくあることであるが，「小型炉なんて量産に使えないものを考えても意味がないと考え，気づいてもすぐに追いやってしまう」場合がある．課題を解決する時に重要なことは課題をどのように解釈するかということであり，小型炉は量産上の課題は含んでいても，ヒビ不良が改善するという事実を素直に認識することにより，課題のポイントをしっかりと押さえることができる．すなわち，小型炉を使えばヒビ不良が改善する．

しかし一方，現在の量産炉に対して生産性が悪くなるという副作用が発生する状況と見ることができる．以上を踏まえて課題を整理する．
- 課題1：ヒビ不良の課題

1) 解説1：ヒビ不良の課題

小型炉を用いて製造すると，ヒビ不良が改善する．しかし一方で生産性が良くない．これを革新的課題解決法に沿って考えを進める．

〈第1ステップ〉
- (a) 良い点は何か→ヒビ不良の改善であり，小型炉と同じ条件(不良が出ない条件)で精度よく製造する
- (b) その時起こる悪い点は何か→小型炉で生産すると生産性が悪い

〈第2ステップ〉

(a)と(b)をそれぞれ，「良化するパラメータ」，「悪化するパラメータ」に置き換える．この矛盾は機能のパラメータを扱うものなので，表3.8を適用する．
- (a) 良い点は何か→ヒビ不良の改善であり，不良ができない条件で精度よく製造すること
    →「精度」→ F2
- (b) その時起こる悪い点は何か→生産性が良い量産炉で製造できない．
    →「製造の容易性」→ F9

〈第3ステップ〉

「新矛盾マトリックス1(機能)」を用いて統合発明原理を導く．「F2 精度」と「F9 製造の容易性」から，次の8の統合発明原理が導かれる．

 4：代用／置換原理
 8：未然防止原理
 12：セルフサービス原理
 15：排除／再生原理
 16：局所性質減留
 22：振動原理
 24：特性変更原理
 25：仲介原理

〈第4ステップ〉

導かれた統合発明原理から着想される事がらの中に，優れた発明に通じるものが含まれる確率が高い．ここで，まず統合発明原理24「特性変更原理」に注目する．これは何かのパラメータを変えてみることを示唆する．当初の，経験から推測した「焼成密度(成形時の粒子の密度)」，「乾燥状態(水分量)」，「焼成温度」を取り上げて実験をしていることは，この発明原理の方向性に合致している．すなわち，経験にならってこの発明原理が示すことを実施していたと見られる．

次に注目されるものに，統合発明原理22「振動原理」がある．統合発明原理22「振動原理」は「動かす」ことを示唆するので時間的な変動に気づくと見られる．またさらに，統合発明原理24「特性変更原理」から，温度の時間的な影響の連想が比較的容易に行われるであろう．

今回の場合は，3次元の位置に関しては，既に焼成工程の重要なパラメータである温度に対して，当初から炉内の温度分布とヒビ不良との因果関係に疑いを持たれ確認実験がなされたが，その結果因果関係が否定されていた．炉の中の温度変化はいくつかの場合が存在すると思われる．焼成に必要な温度への上昇，上昇した後の変動，常温への温度下降等が想定されるが，その結果，昇温

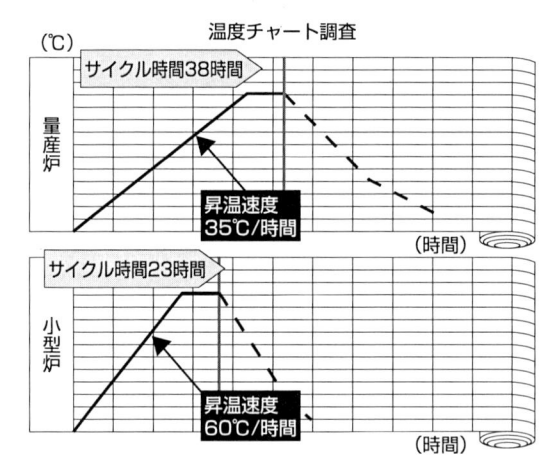

図 5.17 小型炉と量産炉の昇温チャート

(出典) 富士電機機器制御㈱吹上事業所製造部第三製造課セラミック部品 おっちゃんサークル：「ヒューズ用碍子品質の向上」,『QCサークル』, p.42, No.534, 2006年1月号, 日本科学技術連盟.

速度に着目し，小型炉の場合の昇温速度，量産炉の昇温速度の実験に至ることになる．

実験の結果を図5.17に示す．明らかな違いが見られる．また既に述べた通り，確認実験もされ，技術部門との打ち合わせによる裏づけもされ，確証が得られた．

以上，5.4節と5.5節の課題達成法により解決されたイノベーション事例に革新的課題解決法が適用できることが実証された．今後，革新的課題解決法は課題達成法の理論的裏付けとなるだけでなく，このような経営課題の解決に汎用的に活用できる方法といえる．

第6章

まとめと今後の発展

6.1 まとめ

第3章，第4章で述べたように，本書で提唱する革新的課題解決法のポイントは以下のようになる．

① 13個の機能パラメータを用いて良化する特性と悪化する特性から構成される「新矛盾マトリックス1(機能)」(13 × 13)と11個の設計パラメータを用い，同じく良化する特性と悪化する特性から構成される「新矛盾マトリックス2(設計)」(11 × 11)の2つの新矛盾マトリックスを課題解決のために活用する．

② 上記の新矛盾マトリックスで矛盾を解決するためにG.アルトシュラーが開発した40の発明原理を整理・統合した新たな25の「統合発明原理」を開発し，それを新矛盾マトリックスに適用する．

③ 2つの「新矛盾マトリックス」を適用するための利用ガイドと2段階での活用フローを提示した．さらにそれを駆使し，開発した2つの事例(高齢者向け高級ポータブルトイレ，蒸気レス炊飯器)を紹介した．いずれも過去の開発事例であるが本手法を適用し，その開発プロセスを理論的に，かつ体系的に説明した事例である．本手法がこのような製品開発に有効であることを示している．

④ 新矛盾マトリックスと統合発明原理を，実際になされた新技術開発3事例(無縫製コンピュータ横編機・ニット製品の高度生産方式の開発，次世代製鋼プロセスの開発，垂直磁気記録方式ハードディスク装置の開発)に適用し，本書の手法の有効性を確認した(5章5.1～5.3節)．これらの技術開発の事例は，近年，わが国でのすぐれた産業技術を顕彰する最高レベルの大河内賞を受賞したイノベーションの事例である．

⑤ 次に，革新的課題解決法の新たな適用先としてQC手法によるイノベーションの創出法としての課題達成法を挙げ，5章5.4～5.5節において2つの課題達成型QCストーリーに本手法を当てはめ，その有効性を検証した．その結果，本手法が効果的に機能することが確認でき，今後

この革新的課題解決法がQCの課題達成型アプローチにも適用できることがわかった．今後，QC手法にも組み込むことを推奨する．

以上のように，革新的課題解決法は矛盾を解決し，イノベーションを実現する方法として今後多くの経営課題を解決することが期待できる．

6.2　今後の発展

本書で提唱する2つのタイプの「新矛盾マトリックス」は，第3章の3.2節でも言及しているように，日本企業の風土に合わせて，ミドルアップ的アプローチで推進する開発設計活動を中心に，ボトムアップ的な改善活動に対しても違和感なく活用できるように，TRIZ手法を特に矛盾マトリックスに限定して再構築したものである．この「新矛盾マトリックス」を本書で紹介した手順や適用事例を参考に積極的に活用してもらえれば，ブレーンストーミング法に偏りすぎて，心理的惰性から安易な妥協案の提案に陥っていた多くの創造活動を確実に活性化する効果が期待できる．

一方，本書で扱う「革新的課題」は，概ねTRIZで言及している革新度のレベル3(表3.1参照)を想定している．つまり，革新度レベル3とは「システムの抜本的な変更を伴うラディカルイノベーションを目指し，他の分野の原理・法則の活用による矛盾の解消を目指すレベル」である．まさに本書で提唱する「新矛盾マトリックス」は，企業活動の活性化に寄与しながら，実際の活動では「技術システムの革新を目指したラディカルイノベーションの実現」に役立つ手法ということになる．なお，矛盾解決の視点は，革新的なビジネスモデルを創造する場合や新技術・原理の開発期にも欠かせない視点なので，本書で提案する「新矛盾マトリックス」の適用範囲は極めて広いと考えている．

今後は，「新概念の構築」を目指した革新度レベル4への対応も視野に入れた手法の開発も進めていきたいと考えている．

この背景には，かつて日本企業が得意とした高度成長期時代の「キャッチアップ戦略(欧米等の開発製品に対抗し，高品質・低価格のモノづくりアプロー

チで追いつく戦略)」がBRICsなどの新興工業国の成長戦略に取って代わり，日本は新たな成長戦略が必要になっているという現実がある．したがって今後は，レベル3の革新的課題を解決しつつ，一方ではレベル4の革新的課題も視野に入れた手法の開発も重要になってくる．

TRIZ手法のもう一つの大きな特徴でもある「技術システム進化の法則(多種多様な技術の発展もランダムではなく，発展の方向性が複数パターンあるという内容)」[11), 23)]を適用した「次世代製品企画手法＝Technology Prediction Approach」などが考えられる．なぜならば，上述手法を適用する活動は，今後の日本企業に求められる「フロントランナー戦略(今までにない前人未到領域での次世代製品を積極的に企画開発していく戦略)」に直結する活動だからである．しかし，その一方でこのような活動は企業の「トップビジョン」が明確になって初めて可能となる活動である．

実はこの件に関しては，2010年度に筆者が携わったMOT研究会等に出

イノベーション力を高めるためには何が最も重要だと思いますか．相応しいと思う項目を下記から選んで該当項目に○をつけてください(複数回答可)

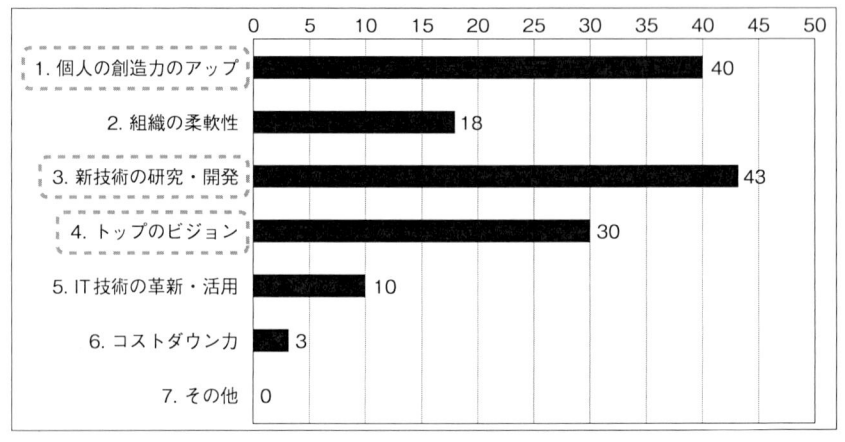

1. 個人の創造力のアップ	40
2. 組織の柔軟性	18
3. 新技術の研究・開発	43
4. トップのビジョン	30
5. IT技術の革新・活用	10
6. コストダウン力	3
7. その他	0

図6.1 イノベーション力の向上に重要な要因

席した53名の企業人(基本属性は，30〜40代約88％，技術系社員約88％，1,000名以上の大企業約83％，製造業約60％)への「イノベーション活動に関するアンケート調査」から興味深い結果が読み取れるので，その一部を図6.1に紹介する．

つまり「イノベーション力(基本的にはラディカルイノベーションの実現力)の向上」には，「新技術の研究・開発」，「個人の創造力のアップ」に引き続いて「トップのビジョン」も非常に重要な要因として認識されているという事実である．

したがって今後は，トップのビジョンと連動させて，次世代製品企画活動をトップダウン的アプローチで展開していく際に活用できる「未来型の革新的課題設定・解決アプローチ」である「次世代製品企画手法＝Technology Prediction Approach」のさらなる研究・開発が望まれる．

引用・参考文献

1) 狩野紀昭(監修),新田充(編)(1999):『QCサークルのための課題達成型QCストーリー(改訂第3版)』,日科技連出版社.
2) 新藤久和(編著)(2001):『設計的問題解決法』,日科技連出版社.
3) J.シュムペーター(著),塩野谷祐一,中山伊知郎,東畑精一(訳)(1997):『経済発展の理論(上)(下)』,岩波書店.
4) J. M. アッターバック(著),大津正和,小川進(監訳)(1998):『イノベーション・ダイナミックス』,有斐閣.
5) 今野勤ほか(2005):『QFD・TRIZ・タグチメソッドによる開発・設計の効率化』,日科技連出版社.
6) 三原祐治,桑原正浩,福島洋次郎,澤口学,濱口哲也,長田洋(2010):「革新的問題発見・解決の方法」,『第6回TRIZシンポジウム2010発表論文』,pp.427-435,日本TRIZ協会.
7) ゲンリック・アルトシューラー(著),遠藤敬一,高田孝夫(訳)(1997):『超発明術TRIZシリーズ1 入門編「原理と概念に見る全体像」』,日経BP社,pp.56-64.
8) 澤口学(2009):「日本企業が抱えるモノづくりに関する課題と今後のMOT教育のあり方—モノづくりに関する調査を通して—」,『日本MOT学会論文(技術と経済512)』,pp.48-57.
9) Ideation International(1999):*Tools of Classical TRIZ*, Ideation International, Inc, pp.25-73.
10) Ideation International(1999):*TRIZ in Progress*, Ideation International, Inc, pp.184-201.
11) Stan Kaplan(1996):*An Introduction to TRIZ*, Ideation International, Inc, pp.1-5, pp.15-17.
12) 長井真紀子(2010):「ヒットの軌跡 VOLUME129 蒸気が外部に出ない炊飯器」,TRENDAY_MAR.2010, pp74-77.
13) Darrell Mann(2002):*Hands-On Systematic Innovation*, CREAX Press.
14) Denis Cavallucci(2009):*World Wide status of TRIZ perceptions and uses — a survey of results*, European TRIZ Association(ETRIA), pp.12-13.

15) Darrell Mann, Simon Dewulf, Boris Zlotin, Alla Zusman(2003):*Matrix 2003*, CREAX Press.
16) Manabu Sawaguchi(2010):"Case Study Oriented EP(Education Program) For Engineers With Imprinting "TRIZ Flavors" Focusing on "Lows of Technological Evolution", Conference Proceedings of Global TRIZ Conference 2010, p.47.
17) 日刊工業新聞社(1998):「モノづくり進化論 第2巻」, 日刊工業新聞社, pp.18-23.
18) ㈱島精機製作所(2007):「無縫製コンピュータ横編機およびデザインシステムを活用したニット製品の高度生産方式の開発」,『大河内賞受賞業績報告書 第53回(平成18年度)』, 大河内記念会, pp.1-19.
19) 住友金属工業㈱(2007):「高品質・高効率・低環境負荷を同時実現する次世代製鋼プロセスの開発」,『大河内賞受賞業績報告書 第53回(平成18年度)』, 大河内記念会, pp.20-38.
20) 田中陽一郎(㈱東芝 デジタルメディアネットワーク社)ほか(2007):「垂直磁気記録方式ハードディスク装置の開発と実用化」,『大河内賞受賞業績報告書 第53回(平成18年度)』, 大河内記念会, pp.39-51.
21) コニカミノルタエムジー㈱生産センター日野生産部第2製造課グランドスラムサークル(2005):「写真フイルム塗布作業における段取り時間の短縮」,『QCサークル』, No.531, 日本科学技術連盟, pp.38-41.
22) 富士電機機器制御㈱ 吹上事業所製造部第三製造課セラミック部品 おっチャンサークル(2006):「ヒューズ用碍子品質の向上」,『QCサークル』, No.534, 日本科学技術連盟, pp.40-43.
23) 澤口学(2002):『VEとTRIZ "革新的なテクノロジーマネジメント手法入門"』, 同友館, pp.159-166.
24) 三菱総合研究所 知識創造研究部(1999):『革新的技術開発の技法 図解TRIZ』, 日本実業出版社.
25) Manabu Sawaguchi, Yuji Mihara, Masahiko Kuwahara, Yojiro Fukushima, Hiroshi Osada(2011):"Effective Method to Create High-Value-Added Product based on Inventive Thinking Power ─ Utilization of Two Types of Redesigned Contradiction Matrices ─ ", Conference Proceedings of The 2nd International Conference on Systematic Innovation.

索　引

【英数字】

2段活用	78
ARIZ	34
Effects（効果）	21
G. アルトシュラー	2, 14
Incremental Innovation	3
J. シュンペーター	4, 6
Matrix 2003	46
SLP（Smart Little People／小さな賢人）	22
S カーブ	92
Technology Prediction Appropach	142, 143
TRIZ	14
──シンポジウム	30
──の構成モジュール	23
VOC 領域	41

【ア行】

イノベーション	6
インクリメンタルイノベーション	3
大河内賞	140
改革	4
改善	3
革新	4
革新的課題解決法	2
革新度の5つのレベル	42

【カ行】

課題	2
課題解決法	5
課題達成型 QC ストーリー	5
技術進化	20
技術的矛盾	39
技術的矛盾解決法	16
技術矛盾マトリックス	16
機能パラメータ	59
──の利用ガイド	74
経営課題	2
コニカミノルタエムジー㈱	126

【サ行】

最終理想解	22
最終理想解	34
次世代製鋼プロセス	107
次世代製品企画手法	142, 143
㈱島精機製作所	98
進化の法則	18
新矛盾マトリックス	10
──の活用フロー	78
新矛盾マトリックス1（機能）	10, 62
新矛盾マトリックス2（設計）	10, 69
垂直磁気記録方式	119

——ハードディスク装置	117	矛盾マトリックス	25
住友金属工業㈱	107	矛盾マトリックス(1971年版)	46
製品開発プロセス	40	無縫製コンピュータ横編機及びデザインシステム	98
設計案領域	41	面内磁気記録方式	118
設計パラメータ	65	問題	2
		問題解決	3
		問題解決型QCストーリー	3

【タ行】

統合発明原理	50
㈱東芝 デジタルメディアネットワーク社	117

【ヤ行】

有益機能	34
有害機能	34
要求機能領域	41

【ハ行】

発明原理	16
パラメータ	25
標準解	18, 19
富士電機機器制御㈱	133
物質-場分析方法	18
物理的矛盾解決法	17
分離の法則	17

【ラ行】

ラディカルイノベーション	4

【マ行】

未来型の革新的課題設定・解決アプローチ	143

【編著者・著者紹介】

■長田　洋（おさだ　ひろし）
東京工業大学大学院イノベーションマネジメント研究科技術経営専攻教授
工学博士，技術士（情報処理部門）
1947 年　静岡県生まれ
1970 年　東京大学工学部計数工学科卒業
1972 年　東京大学大学院工学系研究科修士課程修了
旭化成㈱機能樹脂開発部長，㈱旭リサーチセンター取締役を経て
1999 年　山梨大学工学部循環システム工学科教授
2005 年より現職

■澤口　学（さわぐち　まなぶ）
早稲田大学理工学術院教授
博士（工学）
1959 年　秋田県生まれ
1982 年　慶応義塾大学工学部卒業
2005 年　早稲田大学理工学研究科後期博士課程修了
2004 年〜 2009 年　産業能率大学総合研究所教授
2009 年〜 2010 年　同大学経営学部教授
2010 年より現職

■福嶋　洋次郎（ふくしま　ようじろう）
公益財団法人　科学技術交流財団　東海広域知的クラスター創成事業本部　国際連携コーディネータ / 日本 TRIZ 協会　執行委員
1949 年　大阪府生まれ
1973 年　信州大学工学部卒業
1973 年　松下電器産業㈱（現 パナソニック㈱）入社
2009 年　同 システムエンジニアリングセンター　プロジェクトリーダーを経て退職
2010 年より現職

■三原　祐治（みはら　ゆうじ）
㈱創造性工学研究所 代表取締役 / 日本 TRIZ 協会 副理事長 / 産業能率大 兼任講師
1946 年　福井県生まれ
1971 年　北海道大学大学院工学研究科修了
1971 年　富士写真フイルム㈱（現 富士フイルム㈱）入社
2006 年　同 人材開発センター　技術技能教育部門長を経て退職
2007 年より現職

革新的課題解決法

2011 年 11 月 25 日　第 1 刷発行

編著者　長　田　　　洋
著　者　澤　口　　　学
　　　　福　嶋　洋　次　郎
　　　　三　原　祐　治
発行人　田　中　　　健

検印省略

発行所　株式会社　日科技連出版社
〒151-0051　東京都渋谷区千駄ケ谷 5-4-2
電話　出版　03-5379-1244
　　　営業　03-5379-1238〜9
振替口座　東京 00170-1-7309

印刷・製本　中央美術研究所

Printed in Japan

© *Hiroshi Osada, et al.* 2011
ISBN 978-4-8171-9410-7

URL http://www.juse-p.co.jp/

本書の全部または一部を無断で複写複製(コピー)することは、著作権法上での例外を除き、禁じられています。